G. K. Chesterton

ORTODOXIA

G. K. Chesterton

ORTODOXIA

Tradução: Francisco Nunes

Principis

Esta é uma publicação Principis, selo exclusivo da Ciranda Cultural

Texto
Gilbert K. Chesterton

Tradução
Francisco Nunes

Preparação
Rosa Ferreira

Revisão
Marcos Toledo

Produção e projeto gráfico
Ciranda Cultural

Imagens
Vectorcarrot/Shutterstock.com;
Naddya/Shutterstock.com;
bioraven/Shutterstock.com;

Dados Internacionais de Catalogação na Publicação (CIP) de acordo com ISBD

C525o Chesterton

Ortodoxia / Chesterton ; traduzido por Francisco Nunes. - Jandira, SP : Principis, 2019.
208 p. ; 15,5cm x 22,6cm. – (Clássicos da literatura cristã)

Tradução de: Orthodoxy
Inclui índice.
ISBN: 978-85-943-1892-3

1. Literatura cristã. I. Nunes, Francisco. II. Título. III. Série.

CDD 240
2019-1717 CDU 24

Elaborado por Odilio Hilario Moreira Junior - CRB-8/9949

Índice para catálogo sistemático:
1.! Literatura cristã 240
2.! Literatura cristã 24

1ª edição em 2019
www.cirandacultural.com.br

SUMÁRIO

PREFÁCIO 7

CAPÍTULO I
Introdução em defesa de tudo o mais 8

CAPÍTULO II
O maníaco 14

CAPÍTULO III
O suicídio do pensamento 34

CAPÍTULO IV
A ética da elfolândia 54

CAPÍTULO V
A bandeira do mundo 80

CAPÍTULO VI
Paradoxos do cristianismo 100

CAPÍTULO VII
A eterna revolução 128

CAPÍTULO VIII
O romance da ortodoxia 157

CAPÍTULO IX
A autoridade e o aventureiro 179

PREFÁCIO

Este livro foi planejado para ser um complemento a *Hereges*[1] e para apresentar o lado positivo em adição ao negativo. Muitos críticos reclamaram do livro chamado *Hereges*, porque ele apenas criticava as filosofias atuais sem oferecer nenhuma filosofia alternativa. O presente livro é uma tentativa de responder ao desafio dos críticos. Ele é inevitavelmente afirmativo e, portanto, inevitavelmente autobiográfico. O escritor foi conduzido para a mesma dificuldade que atormentou Newman ao escrever sua *Apologia*[2]: ele foi forçado a ser egoísta apenas para ser sincero. Embora tudo o mais possa ser diferente, o motivo em ambos os casos é o mesmo. O propósito do escritor é tentar uma explicação, não sobre se é possível crer na fé cristã, mas sobre como ele pessoalmente veio a crer nela. O livro é, portanto, organizado segundo o princípio positivo de um enigma e sua resposta. Trata primeiro de todas as especulações solitárias e sinceras dos próprios escritores e depois de todos os meios surpreendentes pelos quais todos eles ficaram subitamente satisfeitos com a teologia cristã. O escritor considera que tal resultado equivale a um credo convincente. Todavia, se não chega a isso, é, pelo menos, uma coincidência repetida e surpreendente.

Gilbert K. Chesterton

---

1 Livro de Chesterton publicado em 1905, composto por vinte ensaios em que ele expõe os ataques daqueles que se rebelam contra as crenças cristãs tradicionais. (N.T.)

2 *Apologia Pro Vita Sua* [Uma defesa pela vida de alguém], de John Henry Newman (1801-1890), teólogo, poeta e ex-pároco anglicano de St. Mary, em Oxford, Inglaterra, é sua biografia, na qual explica a conversão ao catolicismo romano. (N.T.)

CAPÍTULO I

INTRODUÇÃO EM DEFESA DE TUDO O MAIS

A única desculpa possível para este livro é que ele é uma resposta a um desafio. Mesmo um tiro ruim é dignificado quando se aceita um duelo. Quando, há algum tempo, publiquei uma série de artigos um tanto irritados, mas sinceros, sob o nome de *Hereges*, vários críticos por cujo intelecto tenho um caloroso respeito (posso mencionar especialmente o sr. G. S. Street[3]) disseram que não havia problema algum em eu dizer a todos que confirmassem sua teoria cósmica, mas que eu tivesse o cuidado em evitar a corroboração de meus preceitos com exemplos. "Vou começar a me preocupar com minha filosofia", disse o sr. Street, "quando o sr. Chesterton nos der a dele". Talvez tenha sido imprudente fazer essa sugestão a uma pessoa sempre pronta a escrever livros sob a mais tênue provocação. Mas, afinal, embora o sr. Street tenha inspirado e criado este livro, ele não precisa lê-lo. Se ele o ler, descobrirá que, em suas páginas, tentei, de maneira vaga e pessoal, em um conjunto de imagens mentais em vez de em uma série de deduções, declarar a filosofia em que vim a crer. Não vou chamá-la de minha filosofia, pois eu não a gerei. Deus e a humanidade a geraram, e ela gerou a mim.

---

3 George Slythe Street (1867–1936), crítico, jornalista e novelista britânico, conhecido pelo tom satírico de seus escritos, especialmente na crítica ao esnobismo e à hipocrisia das classes elevadas. (N.T.)

Muitas vezes tive a vontade de escrever um romance sobre um iatista inglês que calculou mal sua rota e deu na Inglaterra, com a impressão de que se tratava de uma nova ilha nos mares do sul. Sempre percebo, no entanto, que estou muito ocupado ou com preguiça para escrever esse belo trabalho; então, também posso utilizá-lo para fins de ilustração filosófica. Provavelmente haverá uma impressão geral de que o homem, que aportou (armado até os dentes e falando por sinais), para plantar a bandeira britânica, naquele templo bárbaro que veio a ser o Pavilhão de Brighton[4], sentiu-se um tolo. Não estou aqui preocupado em negar que ele parecia um tolo. Mas, se você imagina que ele se sentiu um tolo, ou se, em algum grau, o senso de tolice foi sua emoção única ou dominante, então você não estudou com suficiente delicadeza a rica natureza romântica do herói desse conto. Seu erro foi realmente um erro invejável; e ele sabia disso, se ele foi o homem que eu penso que era. O que poderia ser mais deleitoso do que ter, nos mesmos poucos minutos, todos os terrores fascinantes de ir para o exterior combinados com toda a segurança humana de voltar para casa? O que poderia ser melhor do que ter toda a diversão de descobrir a África do Sul sem a repugnante necessidade de aportar lá? O que poderia ser mais glorioso do que se preparar para descobrir Nova Gales do Sul e, então, perceber, com uma torrente de lágrimas felizes, que era de fato a velha Gales do Sul? Isso me parece, pelo menos, o principal problema para os filósofos, e é, de certo modo, o principal problema deste livro. Como podemos conseguir ser ao mesmo tempo surpreendidos com o mundo e ainda estar em casa nele? Como pode essa estranha cidade cósmica, com seus cidadãos de muitas pernas, com suas lâmpadas monstruosas e antigas, como este mundo pode nos dar de imediato o fascínio de uma cidade estranha e o conforto e a honra de ser nossa própria cidade?

---

4 Também conhecido por Pavilhão Real, é uma antiga residência real inglesa, de arquitetura exótica, com elementos hindus, chineses e islâmicos, construída para George, príncipe de Gales. Sua construção iniciou-se em 1787, sendo ampliado (em 3 etapas) até 1822. (N.T.)

Mostrar que uma fé ou uma filosofia é verdadeira de qualquer ponto de vista seria um empreendimento muito grande, mesmo para um livro muito maior do que este. É necessário seguir um caminho de argumentação, e este é o caminho que aqui proponho seguir: desejo apresentar minha fé como algo que responde particularmente a esta dupla necessidade espiritual, a necessidade da mistura do familiar e do não familiar que a cristandade corretamente chamou de romance. Pois a própria palavra "romance" tem em si o mistério e o significado antigo de Roma. Qualquer um que se proponha a debater qualquer assunto deve sempre começar dizendo que não se mete em debates. Além de declarar o que se propõe a provar, ele deve sempre afirmar o que não se propõe a provar. Aquilo que não me proponho a provar, aquilo que proponho tomar como base comum entre mim e qualquer leitor médio é essa desejabilidade de uma vida ativa e imaginativa, pitoresca e cheia de uma curiosidade poética, uma vida como o homem ocidental em qualquer medida parece sempre ter desejado. Se um homem diz que a extinção é melhor do que a existência, ou a existência em branco é melhor do que a variedade e a aventura, então ele não é uma das pessoas comuns com quem estou falando. Se um homem preferir nada, eu posso lhe dar nada. Mas quase todas as pessoas que conheci nesta sociedade ocidental em que vivo concordariam com a proposição geral de que precisamos dessa vida de romance prático: a combinação de algo que é estranho com algo que é seguro. Precisamos ver o mundo como a combinar uma ideia de maravilhamento e uma ideia de boas-vindas. Precisamos ser felizes neste país das maravilhas sem antes estarmos meramente confortáveis. É essa façanha de meu credo que buscarei principalmente nestas páginas.

Mas tenho uma razão peculiar para mencionar o homem em um iate que descobriu a Inglaterra. Pois sou aquele homem em um iate. Eu descobri a Inglaterra. Não vejo como esse livro pode deixar de ser egoísta; e eu sequer vejo (para dizer a verdade) como ele pode deixar de ser maçante. O fato de ele ser maçante, no entanto, me libertará da acusação que mais lamento: a acusação de ser leviano. Mera sofística superficial é a coisa que mais desprezo, e talvez seja um fato salutar que essa seja a acusação que geralmente me fazem. Não conheço nada tão desprezível como um mero paradoxo, uma mera defesa engenhosa do indefensável. Se fosse verdade (como foi dito) que o sr. Bernard Shaw[5] viveu de paradoxos, então ele deveria ser apenas um milionário comum, pois um homem de sua atividade mental poderia inventar um sofisma a cada seis minutos. Isso é tão fácil quanto mentir, pois isso é mentira. A verdade é que, obviamente, o sr. Shaw é cruelmente prejudicado pelo fato de não poder contar nenhuma mentira a menos que pense que é a verdade. Eu me encontro sob a mesma escravidão intolerável. Nunca na minha vida disse nada simplesmente porque achei engraçado; embora, é claro, eu tenha tido uma vanglória humana comum e possa ter achado engraçado por que eu disse isso. Uma coisa é descrever uma entrevista com uma górgona ou um grifo, uma criatura que não existe. Outra coisa é descobrir que o rinoceronte existe e, em seguida, ter prazer no fato de que ele parece não existir. Alguém busca pela verdade, mas pode ser que ele busque instintivamente as verdades mais extraordinárias. E eu ofereço este livro com os mais sinceros sentimentos a todas as pessoas de bom humor que odeiam o que eu escrevo e o consideram (muito justamente, pelo que sei) exemplo de palhaçada ruim ou uma simples piada cansativa.

Pois, se este livro é uma piada, é uma piada contra mim. Eu sou o homem que com a maior ousadia descobriu o que já havia sido descoberto. Se há um elemento de farsa no que se segue, a farsa é por minha conta, pois este livro explica como eu fantasiei ter sido o primeiro a pôr os pés em Brighton e depois descobri que fui o último. Ele relata minhas aventuras desajeitadas em busca do óbvio. Ninguém pode considerar meu caso mais ridículo do que eu mesmo; nenhum leitor pode me acusar aqui de tentar fazê-lo de tolo: eu sou o tolo desta história, e nenhum rebelde vai me tirar de meu trono. Confesso

5 George Bernard Shaw (1856–1950), dramaturgo, romancista, contista, ensaísta e jornalista irlandês. Vegetariano, socialista e ateu, foi um dos *Hereges* criticados por Chesterton naquele livro. (N.T.)

livremente todas as ambições idiotas do final do século XIX. Eu, como todos os outros meninos solenes, tentei estar à frente de minha época. Como eles, tentei estar uns dez minutos à frente da verdade. E descobri que estava mil e oitocentos anos atrás. Forcei minha voz com um exagero dolorosamente juvenil ao expressar minhas verdades. E fui punido da maneira mais adequada e mais engraçada, pois mantive minhas verdades, mas descobri não que não eram verdades, mas simplesmente que não eram minhas. Quando imaginei que estava sozinho, estava realmente na ridícula posição de ser apoiado por toda a cristandade. Pode ser, que Deus me perdoe, que eu tenha tentado ser original, mas só consegui inventar uma cópia inferior das tradições existentes da religião civilizada. O homem do iate supôs que ele foi o primeiro a encontrar a Inglaterra; eu supus que fui o primeiro a encontrar a Europa. Tentei erigir uma heresia só minha, e, quando lhe dei os últimos retoques, descobri que era ortodoxia.

Pode ser que alguém se entretenha com o relato desse feliz fiasco. Pode divertir um amigo ou um inimigo ler como aprendi gradualmente, a partir da verdade de alguma lenda extraviada ou da falsidade de alguma filosofia dominante, coisas que eu poderia ter aprendido com meu catecismo, se eu o tivesse aprendido. Pode haver ou não algum entretenimento em ler como por fim encontrei em um clube anarquista ou em um templo babilônico o que eu poderia ter encontrado na igreja paroquial mais próxima. Se alguém se diverte aprendendo como as flores do campo ou as frases de um ônibus, os acidentes da política ou as dores da juventude se reuniram em certa ordem para produzir determinada convicção da ortodoxia cristã, possivelmente pode ler este livro. Mas existe em tudo uma razoável divisão de trabalho. Eu escrevi o livro, e nada na terra me induziria a lê-lo.

Adiciono uma nota puramente pedante que vem, como uma nota naturalmente deveria vir, no começo do livro. Estes ensaios estão preocupados apenas em discutir o fato real de que a teologia cristã central (suficientemente resumida no Credo dos Apóstolos) é a melhor raiz de energia e da ética sadia. Eles não pretendem discutir a questão muito fascinante, mas completamente diferente, do que é a sede atual da autoridade para a proclamação desse credo. Quando a palavra "ortodoxia" é usada aqui, ela significa o Credo dos Apóstolos, como entendido por todos que se chamavam cristãos até muito pouco tempo atrás e pela conduta histórica geral daqueles que faziam uso de tal credo. Fui forçado pelo mero espaço a me limitar ao que recebi desse credo; não toco o assunto muito disputado entre os cristãos modernos sobre de onde nós mesmos o recebemos. Este não é um tratado eclesiástico, mas uma espécie de autobiografia desleixada. Mas, se alguém quiser minhas opiniões sobre a natureza real da autoridade, basta que o sr. G. S. Street me lance outro desafio, e eu lhe escreverei outro livro.

CAPÍTULO II

O MANÍACO

Pessoas de todo mundanas nunca entendem o mundo; elas confiam completamente em alguns axiomas cínicos que não são verdadeiros. Lembro-me de, certa vez, andar com um próspero editor, que fez uma observação a qual eu já ouvira antes; ela é, de fato, quase um lema do mundo moderno. No entanto, eu a ouvira com muita frequência e, de repente, percebi que ela não tinha conteúdo. O editor disse, a respeito de alguém: "esse homem vai conseguir; ele acredita em si mesmo". E lembro-me de que, quando ergui a cabeça para ouvir, meu olhar captou um ônibus no qual estava escrito "Hanwell"[6]. Eu respondi a ele: "posso dizer-lhe onde estão os homens que mais acreditam em si mesmos? Pois vou dizer. Sei de homens que acreditam em si mesmos mais colossalmente do que Napoleão ou César. Sei onde arde a estrela fixa da certeza e do sucesso. Posso guiar você para os tronos dos Super-homens. Os homens que realmente acreditam em si mesmos estão todos em manicômios".

Ele disse suavemente que, afinal de contas, havia muitos homens que acreditavam em si mesmos e que não estavam em manicômios.

---

6 Distrito na região oeste de Londres, onde está o St Bernard's Hospital, fundado em 1831 com o nome de Middlesex County Lunatic Asylum (popularmente conhecido por Hanwell Asylum); seu objetivo era albergar lunáticos pobres. À época de Chesterton, mantinha ainda o nome original. (N.T.)

"Sim, há", retruquei, "e você, mais que os outros homens, deve conhecê-los. Aquele poeta bêbado de quem você não aceitou uma monótona tragédia, ele acreditava em si mesmo. Aquele ministro idoso com um texto épico de quem você se escondeu em um quarto dos fundos, ele acreditava em si mesmo. Se você consultasse sua experiência profissional em vez de sua horrenda filosofia individualista, saberia que acreditar em si mesmo é um dos sinais mais comuns de um canalha. Atores que não podem atuar acreditam em si mesmos; e também os devedores que não pagam. Seria muito mais verdadeiro dizer que um homem certamente fracassará por acreditar em si mesmo. A total autoconfiança não é apenas um pecado; a total autoconfiança é uma fraqueza. Acreditar completamente em si mesmo é uma crença tão histérica e supersticiosa como acreditar em Joanna Southcott[7]: o homem que a possui tem 'Hanwell' escrito na testa tão claramente quanto está escrito naquele ônibus."

E a tudo isso meu amigo, o editor, deu esta resposta muito profunda e eficaz: "bem, se um homem não deve acreditar em si mesmo, em que ele deve acreditar?". Depois de uma longa pausa, respondi: "vou para casa escrever um livro em resposta a essa pergunta". Este é o livro que escrevi em resposta a ela.

Mas acho que *Ortodoxia* pode bem começar onde nossa discussão começou: nos arredores do hospício. Os modernos mestres da ciência estão muito impressionados com a necessidade de iniciar toda investigação com um fato. Os antigos mestres da religião ficaram igualmente impressionados com essa necessidade. Eles começaram com o fato do pecado, um fato tão prático quanto batatas. Quer um homem pudesse ou não ser lavado em águas milagrosas, não havia dúvida de que ele desejava se lavar. Mas certos líderes religiosos em Londres, não meros materialistas, começaram, em nossos dias, não a

7 Joanna Southcott, ou Southcote (1750–1814), inglesa que se autointitulava profetisa. Aos 64 anos, dizia ser virgem e estar grávida do novo messias, chamado Siló. Após a morte dela, seus seguidores se recusaram a enterrá-la, pois criam que ela ressuscitaria. Só o fizeram depois que o corpo começou a se decompor. (N.T.)

negar a água altamente discutível, mas a negar a sujeira indiscutível. Alguns novos teólogos contestam o pecado original, que é a única parte da teologia cristã que pode realmente ser provada. Alguns seguidores do rev. R. J. Campbell[8], em sua espiritualidade quase demasiado exigente, admitem a impecabilidade divina, a qual eles não podem ver nem em sonhos. Mas eles essencialmente negam o pecado humano, o qual eles podem ver na rua. Os santos mais fortes e os céticos mais fortes tomaram o mal positivo como ponto de partida de seu argumento. Se é verdade (e certamente é) que um homem pode sentir uma felicidade extraordinária ao esfolar um gato, então o filósofo religioso só pode extrair uma de duas deduções: ele deve negar a existência de Deus, como todos os ateus fazem, ou deve negar a união atual entre Deus e o homem, como todos os cristãos fazem. Os novos teólogos parecem pensar que é uma solução altamente racionalista negar o gato.

Nessa situação notável, é evidente que agora não é possível (tendo alguma esperança de um apelo universal) começar, como nossos pais fizeram, com o fato do pecado. Exatamente esse fato que, para eles (e para mim) está tão claro quanto água, é exatamente o fato que foi diluído ou negado de modo especial. Mas, embora os modernos neguem a existência do pecado, não creio que tenham negado a existência de um manicômio. Todos nós concordamos ainda que há um colapso do intelecto tão inconfundível quanto uma casa vindo abaixo. Os homens negam o inferno, mas não, ainda não, Hanwell. Para o propósito de nosso argumento primário, esses homens podem muito bem ficar onde os outros estavam. Quero dizer que, como todos os pensamentos e teorias foram julgados pelo fato de tenderem a fazer um homem perder a alma, então, para nosso propósito atual, todos os pensamentos e teorias modernos podem ser julgados pelo fato de tenderem a fazer com que um homem perca a inteligência.

---

8 Reginald John Campbell (1867-1956), teólogo e ministro anglicano. Por criticar posições tradicionais da fé cristã, foi identificado com a Nova Teologia, um movimento que reformulava crenças cristãs para harmonizá-la com críticas e pontos de vista modernos. (N.T.)

É verdade que alguns falam leve e vagamente de insanidade como sendo, em si mesma, atraente. Mas um instante de reflexão mostrará que, se a doença é bonita, geralmente é a doença de outra pessoa. Um cego pode estar em uma foto, mas é preciso dois olhos para ver a foto. E, da mesma forma, mesmo a mais extravagante poesia de insanidade só pode ser desfrutada pelos sãos. Para o homem insano, sua insanidade é bastante prosaica, porque ela é bem verdadeira. Um homem que se considera uma galinha é, para si mesmo, tão comum quanto uma galinha. Um homem que pensa que é um caco de vidro é, para si mesmo, tão monótono quanto um caco de vidro. É a homogeneidade de sua mente que o torna aborrecido e que faz dele um louco. É só porque vemos a ironia de sua ideia que achamos que ele é divertido; é só por ele não ver a ironia de sua ideia que é colocado em Hanwell. Em suma, esquisitices só surpreendem pessoas comuns. Esquisitices não surpreendem pessoas esquisitas. É por isso que as pessoas comuns têm momentos muito mais emocionantes, enquanto pessoas esquisitas sempre se queixam da monotonia da vida. É também por isso que os novos romances morrem tão rapidamente e os antigos contos de fadas duram para sempre. O velho conto de fadas faz do menino humano normal um herói; são suas aventuras que são surpreendentes; elas o assustam porque ele é normal. Mas, no romance psicológico moderno, o herói é anormal; o centro não é central. Por isso, as aventuras mais ferozes não o afetam adequadamente, e o livro é monótono. Você pode escrever uma história sobre um herói entre dragões, mas não sobre um dragão entre dragões. O conto de fadas discute o que um homem sensato fará em um mundo louco. O romance realista sóbrio de hoje discute o que um lunático radical fará em um mundo sem graça.

Vamos começar, então, com o manicômio; a partir dessa má e fantástica pousada, vamos dar início a nossa jornada intelectual. Agora, se formos olhar para a filosofia da sanidade, a primeira coisa a fazer nesse assunto é apagar um erro grande e comum. Há uma noção vagando para todo lado de que a imaginação, especialmente a imaginação mística, é perigosa para o equilíbrio mental do homem.

Os poetas são comumente considerados psicologicamente não confiáveis, e geralmente há uma associação vaga entre terem uma coroa de louros na cabeça e serem excêntricos ou distraídos. Os fatos e a história contradizem totalmente esse ponto de vista. A maioria dos grandes poetas tem sido não apenas sensata, mas extremamente profissional; e, se Shakespeare realmente mantinha cavalos sob controle, era por ser o homem mais idôneo para fazê-lo[9]. A imaginação não gera insanidade. O que cria insanidade é exatamente a razão. Poetas não enlouquecem, mas jogadores de xadrez, sim. Matemáticos e caixas de banco enlouquecem, mas artistas criativos, muito raramente. Eu não estou, como veremos, em sentido algum, atacando a lógica: só digo que esse perigo reside na lógica, não na imaginação. A paternidade artística é tão saudável quanto a paternidade física. Além disso, é digno de nota que, quando um poeta era de fato mórbido, comumente isso ocorria por ele ter, no cérebro, algum ponto fraco no tocante à racionalidade. Poe, por exemplo, era de fato mórbido, não porque fosse poético, mas por ser especialmente analítico. Até o xadrez era poético demais para ele; ele não gostava de xadrez por estar cheio de cavaleiros e castelos, como um poema. Ele declaradamente preferia os discos pretos do jogo de damas, pois eram mais parecidos com os simples pontos pretos em um diagrama.

Talvez o caso mais sério de todos seja este: que apenas um grande poeta inglês enlouqueceu: Cowper[10]. E ele foi definitivamente levado à loucura pela lógica, pela lógica feia e estranha da predestinação. A poesia não era a doença, mas o remédio; a poesia manteve-o parcialmente com saúde. Ele, às vezes, podia esquecer o inferno vermelho e sedento para o qual seu hediondo determinismo o arrastava entre as vastas águas e

9 Referência ao grande interesse que Shakespeare tinha por esse animal. Ele apreciava a graça, a força e a lealdade dos cavalos, dando-lhes nomes elegantes em suas peças e fazendo com que personagens tivessem por eles intensa consideração. É da peça *Ricardo III* a famosa frase: "Um cavalo! Um cavalo! Meu reino por um cavalo!". (N.T.)

10 Por décadas, William Cowper (1731-1800) foi o poeta inglês mais lido. Sua popularidade deveu-se à sua defesa de ideais religiosos e humanistas, ao lado de suas técnicas meditativas e conversacionais. (N.T.)

os lírios brancos do Ouse[11]. Foi condenado ao fogo do inferno por João Calvino; quase foi salvo por John Gilpin[12]. Em todos os lugares, vemos que os homens não enlouquecem sonhando. Os críticos são muito mais loucos que os poetas. Homero é suficientemente completo e calmo; são seus críticos que o rasgam em farrapos extravagantes. Shakespeare é bem ele mesmo; são apenas alguns de seus críticos que descobriram que ele era outra pessoa. E, apesar de São João Evangelista ter visto muitos monstros estranhos em sua visão, não viu nenhuma criatura tão selvagem como um de seus comentaristas. O fato geral é simples: a poesia é sensata porque flutua facilmente em um mar infinito; a razão procura atravessar o mar infinito, e assim o faz finito. O resultado é exaustão mental, como o esgotamento físico do sr. Holbein[13]. Aceitar tudo é um exercício, entender tudo é um esforço. O poeta só deseja exaltação e expansão, um mundo no qual possa se estender. O poeta só pede para colocar a cabeça no céu. É o lógico que procura colocar o céu na cabeça. E é a cabeça dele que se espatifa.

É uma questão pequena, mas não sem importância, que esse erro marcante seja comumente apoiado por uma citação equivocada. Todos nós já ouvimos pessoas citarem a célebre linha de Dryden como: "O grande gênio é um aliado íntimo da loucura"[14]. Mas Dryden não disse que o grande gênio era para a loucura um aliado íntimo. Dryden também era um grande gênio e sabia bem isso. Seria difícil encontrar um homem mais romântico do que ele ou mais sensato. O que Dryden disse foi: "grandes capacidades mentais são frequentemente aliadas íntimas da loucura", e isso é verdade. É a pura prontidão do intelecto

11 Rio da Inglaterra, o sexto mais longo do Reino Unido. (N.T.)

12 Comerciante de roupas rico, personagem da balada cômica *The Diverting History de John Gilpin* [A divertida história de John Gilpin] (1782), escrita por Cowper. (N.T.)

13 Hans Holbein, o Jovem (1497[?]-1543), mestre retratista do Renascimento. Seus retratos impressionam pelo realismo, nos quais a personalidade das figuras transparece por meio dos detalhes. (N.T.)

14 John Dryden (1631–1700), crítico literário, tradutor, dramaturgo e poeta de grande influência na Inglaterra, cuja obra era marcadamente patriótica, religiosa e satírica. A citação é adaptada de sua obra *Absalom and Achitophel* [Absalão e Aitofel], escrito poético de sátira política. (N.T.)

que está em perigo de um colapso. As pessoas também devem lembrar de que tipo de homem Dryden estava falando. Ele não estava falando de qualquer visionário não mundano como Vaughan ou George Herbert[15]. Ele falava de um homem cínico do mundo, um cético, um diplomata, um grande político prático. Tais homens têm, de fato, a loucura como aliada íntima. A avaliação constante do próprio cérebro e do cérebro de outras pessoas é uma ocupação perigosa. É sempre perigoso para a mente avaliar a mente. Uma pessoa irreverente perguntou por que dizemos: "tão louco quanto um chapeleiro"[16]. Uma pessoa mais irreverente pode responder que um chapeleiro está louco porque ele tem de medir a cabeça humana.

E, se os grandes raciocinadores costumam ser maníacos, é igualmente verdade que os maníacos são comumente grandes raciocinadores. Quando eu estava envolvido em uma controvérsia com o *Clarion*[17] sobre a questão do livre-arbítrio, aquele escritor capaz, o sr. R. B. Suthers[18], disse que o livre-arbítrio era loucura, pois significava ações sem causa, e as ações de um louco são sem causa. Não me detenho aqui no desastroso lapso da lógica determinista. Obviamente, se alguma ação, mesmo a de um lunático, pode ser sem causa, o determinismo está estabelecido. Se a cadeia de causalidade pode ser quebrada por um louco, ela pode ser quebrada por um homem. Mas meu objetivo é apontar algo mais prático.

---

15 Não é possível precisar a quem Chesterton se refere por Vaughan, sobrenome galês bastante comum. George Herbert (1593-1633), poeta, orador e sacerdote anglo-galês da Igreja da Inglaterra. (N.T.)

16 A expressão *As mad as a hatter* significa "ser completamente louco". Sua origem é imprecisa, e é anterior ao personagem de *Alice no País das maravilhas*. Parece derivar do uso antigo do mercúrio na confecção de chapéus, o qual afetava o sistema nervoso dos chapeleiros, provocando-lhes tremuras e aparência insana. (N.T.)

17 *Clarion* era um jornal dirigido por Robert Blatchford (1851-1943), jornalista, ativista e escritor socialista inglês. Ele abriu espaço no jornal para debater com aqueles que discordavam das ideias registradas em seu livro *Deus e meu próximo*. Chesterton escreveu uma série de cartas e artigos sobre o tema, posteriormente publicados no livro *Controvérsias com Blatchford*. (N.T.)

18 Robert Bentley Suthers (1871-?) tornou-se articulista do *Clarion* após a morte do filho. Ele travou longo debate filosófico sobre o livre-arbítrio com Chesterton. (N.T.)

Era natural, talvez, que um moderno socialista marxista não soubesse nada sobre o livre-arbítrio. Mas era certamente notável que um moderno socialista marxista não soubesse nada sobre os lunáticos. O sr. Suthers evidentemente não sabia nada sobre lunáticos. A última coisa que pode ser dita de um lunático é que suas ações são sem causa. Se algum ato humano pode ser chamado de sem causa, está entre os atos menores de um homem saudável: assobiar enquanto caminha, cortar a grama com um pedaço de pau, bater os calcanhares ou esfregar as mãos. É o homem feliz que faz as coisas inúteis; o homem doente não é forte o suficiente para ficar ocioso.

São exatamente essas ações descuidadas e sem causa que o louco jamais poderá entender, pois o louco (como o determinista) geralmente vê muita causa em tudo. O louco leria um significado conspiratório naquelas atividades vazias. Ele pensaria que o corte da grama era um ataque à propriedade privada. Ele pensaria que o bater os calcanhares seria um sinal para um cúmplice. Se o louco pudesse por um instante se tornar descuidado, ele se tornaria são. Todo aquele que teve a infelicidade de conversar com pessoas no âmago ou no limite da desordem mental sabe que a qualidade mais sinistra delas é uma clareza horrível de detalhes, uma conexão de uma coisa com outra em um mapa mais elaborado que um labirinto. Se argumentar com um louco, é extremamente provável que você consiga o pior da conversa, pois, de muitas maneiras, a mente dele se move mais rápido por não ser detida pelas coisas que acompanham o bom senso. Ele não é prejudicado por senso de humor, ou por caridade, ou pelas certezas idiotas da experiência. Ele é o mais lógico por perder certas afeições sensatas. De fato, a afirmação comum a respeito da insanidade é, a esse respeito, enganosa. O louco não é o homem que perdeu a razão. O louco é o homem que perdeu tudo, exceto a razão.

A explicação do louco para uma coisa é sempre completa e, muitas vezes, em um sentido puramente racional, satisfatória. Ou, para falar de modo mais estrito: a explicação insana, se não conclusiva, é, pelo menos, irrefutável. Isso pode ser observado especialmente nos dois ou três tipos mais comuns de loucura. Se alguém disser, por exemplo, que os homens conspiram contra ele, você não pode contestá-lo, exceto dizendo que todos os homens negam serem conspiradores, o que é exatamente o que os conspiradores fariam. A explicação dele abrange os fatos tanto quanto a sua. Ou, se um homem disser que é o legítimo rei da Inglaterra, não é uma resposta satisfatória dizer que as autoridades existentes o chamam de louco, pois, se ele fosse rei da Inglaterra, isso seria a coisa mais sensata a ser feita pelas autoridades existentes. Ou, se um homem diz que é Jesus Cristo, dizer-lhe que o mundo nega sua divindade não é resposta, pois o mundo negou a de Cristo.

Não obstante, o louco está errado. Mas, se tentarmos localizar seu erro em termos exatos, vamos perceber que não é tão fácil como supúnhamos. Talvez o mais próximo a que possamos chegar a fim de expressá-lo seja dizer: a mente dele se move em um círculo perfeito, mas estreito. Um círculo pequeno é tão infinito quanto um grande, mas, embora seja infinito como o outro, não é tão grande quanto ele. Da mesma forma, a explicação insana é tão completa quanto a sã, mas não é tão grande. Uma bala é tão redonda quanto o mundo, mas não é o mundo.

Existe o que se poderia chamar de universalidade estreita; existe o que se poderia chamar de uma eternidade pequena e limitada. Você pode vê-la em muitas religiões modernas. Agora, falando de modo mais externo e empírico, podemos dizer que a *marca* mais forte e inconfundível da loucura é essa combinação entre uma completude lógica e uma contração espiritual. A teoria do lunático explica um grande número de coisas, mas não as explica de maneira ampla. Quero dizer que, se você ou eu estivéssemos lidando com uma mente que estava se tornando mórbida, deveríamos ficar principalmente preocupados não tanto em lhe dar argumentos, mas em lhe dar ar, convencê-la de que há algo mais limpo e mais fresco fora da sufocação de um único argumento.

Suponha, por exemplo, lidar com o primeiro caso que apresentei como típico. Suponha que fosse o caso de um homem que acusou todo mundo de conspirar contra ele. Se pudéssemos expressar nossos mais profundos sentimentos de protesto e apelar contra essa obsessão, suponho que deveríamos dizer algo assim: "oh, eu admito que você tenha essa suspeita, e que sinta isso no coração, e que muitas coisas se encaixem em outras coisas, como você diz. Eu admito que sua explicação explica muita coisa, mas deixa de fora muita coisa! Não há outras histórias no mundo exceto a sua? E todos os homens estão ocupados com esse negócio de perseguir você? Suponha que aceitemos como verdadeiros os detalhes: talvez o homem da rua que pareceu não ver você tenha apenas agido com astúcia; talvez o policial tenha lhe perguntado seu nome só porque ele já sabia qual era. Mas quão mais feliz você ficaria se soubesse que essas pessoas não estão nem um pouco preocupadas com você! Quão mais ampla sua vida seria se seu ego se tornasse menor nela, se você pudesse realmente olhar para outros homens com curiosidade e prazer comuns, se você pudesse vê-los andando no egoísmo ensolarado e na indiferença viril deles! Você começaria a ficar interessado neles, porque eles não estariam interessados em você. Você sairia desse teatro minúsculo e desprezível no qual sua pequena trama está sempre sendo encenada e se encontraria sob um céu mais livre, numa rua cheia de estranhos esplêndidos".

Ou suponha tratar-se do segundo caso de loucura: o de um homem que reivindica a coroa. Seu impulso seria dizer a ele: "tudo bem! Talvez você saiba que é o rei da Inglaterra, mas por que você se importa com isso? Faça um esforço magnífico e você será um ser humano e desprezará todos os reis da terra". Ou pode ser o terceiro caso: o do louco que chamava a si mesmo de Cristo. Se disséssemos o que sentíamos, deveríamos falar: "então, você é o Criador e Redentor do mundo! Mas que mundo pequeno deve ser! Que céu pequeno você deve habitar, com anjos não maiores que borboletas! Dever ser tão triste ser Deus – e um Deus inadequado! Não há realmente nenhuma vida mais plena e nenhum amor mais maravilhoso que o seu? E é realmente em sua pequena e árdua compaixão que toda carne tem de colocar a fé? Quão mais feliz você seria, quanto mais de você haveria, se o martelo de um Deus superior pudesse esmagar seu pequeno cosmos, espalhando as estrelas como lantejoulas, e deixar você ao ar livre, livre como os outros homens para olhar para cima assim como para baixo!".

E deve ser lembrado que a ciência mais puramente prática adota esse ponto de vista a respeito do mal mental; ela não procura debater com o mal como se ele fosse uma heresia, mas simplesmente o percebe como um feitiço. Nem a ciência moderna nem a religião antiga acreditam no pensamento completamente livre. A teologia reprova certos pensamentos chamando-os de blasfêmia. A ciência reprova certos pensamentos chamando-os de mórbidos. Por exemplo: algumas sociedades religiosas desencorajavam de certo modo os homens a pensarem em sexo. A nova sociedade científica definitivamente desencoraja os homens a pensarem na morte; ela é um fato, mas é considerado um fato mórbido. E, ao lidar com aqueles cuja morbidez tem um toque de mania, a ciência moderna se preocupa muito menos com a lógica pura do que com um dervixe dançando.

Nesses casos, não é suficiente que o homem infeliz deseje a verdade; ele deve desejar saúde. Nada pode salvá-lo senão uma fome cega, como a de uma fera, por normalidade. Um homem não pode se achar fora do mal mental, pois, na verdade, foi o órgão do pensamento que se tornou doente, ingovernável e, por assim dizer, independente. Ele só pode ser salvo pela vontade ou pela fé. No momento em que sua mera razão se move, ela se move na velha rotina circular; ele vai rodar e rodar em torno de seu círculo lógico, assim como um homem em uma carruagem de terceira classe no Inner Circle[19] vai rodar e rodar pelo Inner Circle, a menos que ele realize o ato voluntário,

19 O London Inner Ring Road é uma rota de aproximadamente 20 km, com raio variável, formado por um grande número de vias que circundam a região central de Londres. A Gower Street é uma das vias de saída do Circle. (N.T.)

vigoroso e místico de sair na Gower Street. A decisão é a coisa mais importante; uma porta deve ser fechada para sempre. Todo remédio é um remédio desesperado. Toda cura é uma cura milagrosa. Curar um louco não é discutir com um filósofo, é expulsar um demônio. E, ainda que silenciosamente os médicos e psicólogos venham a trabalhar no assunto, sua atitude é profundamente intolerante, tão intolerante quanto a Maria Sanguinária[20]. A atitude deles é realmente esta: que o homem deve parar de pensar, se quiser continuar vivendo. Seu conselho é de amputação intelectual. "Se a tua *cabeça* te faz tropeçar, corta-a; pois é melhor não apenas entrar no Reino dos Céus como uma criança, mas entrar nele como um imbecil, do que ser, com todo teu intelecto, lançado no inferno, ou em Hanwell".

Assim é o louco da experiência; ele é comumente um raciocinador, frequentemente um raciocinador bem-sucedido. Sem dúvida, ele poderia ser derrotado pela mera razão, e o argumento contra ele seria colocado de maneira lógica. Mas o argumento pode ser apresentado com muito mais precisão em termos mais gerais e mesmo estéticos. O louco está na prisão limpa e bem iluminada de uma ideia: ele está focadíssimo em um ponto doloroso. Está sem hesitação saudável e sem complexidade saudável. Ora, como explico na introdução, determinei, nesses primeiros capítulos, não dar tanto um diagrama de uma doutrina, mas algumas imagens de um ponto de vista. E descrevi longamente minha visão do maníaco por esta razão: assim como sou afetado pelo maníaco, sou também afetado pela maioria dos pensadores modernos. Esse inconfundível humor ou essa marca distintiva que ouço de Hanwell, ouço também de metade das cátedras de ciência e de cadeiras ocupadas por professores de hoje; e a maioria dos médicos loucos são médicos loucos em mais de um sentido. Todos eles têm exatamente esta combinação que notamos: a combinação de uma razão expansiva e exaustiva com um senso comum contraído.

---

20 A rainha católica Maria I (1516-1558) assumiu o trono da Inglaterra em 1553, criou leis que beneficiavam os católicos, antes reprimidos, perseguiu os protestantes e os levou à execução, às quais assistia de uma sacada. Por isso, recebeu o apelido de Sanguinária. (N.T.)

Eles são universais apenas no sentido de que tomam uma explicação tênue e a estendem muito longe. Mas um padrão pode ser distendido para sempre e ainda ser um padrão diminuto. Eles veem um tabuleiro de xadrez branco sobre preto, e, se o universo for pavimentado com ele, ainda será branco sobre preto. Como o lunático, eles não podem alterar seu ponto de vista; não podem fazer um esforço mental e, de repente, vê-lo preto sobre branco.

Considere primeiro o materialismo, o caso mais óbvio. Como explicação do mundo, o materialismo tem uma espécie de simplicidade insana. Ela tem apenas a qualidade do argumento do louco; tem-se, ao mesmo tempo, a sensação de abarcar tudo e a sensação de deixar tudo de fora. Contemple alguns materialistas capazes e sinceros, como, por exemplo, o sr. McCabe[21], e você terá exatamente essa sensação única. Ele entende tudo, e nada parece valer a pena entender. Seu cosmo pode ser completo em todos os rebites e engrenagens, mas, ainda assim, seu cosmo é menor que o nosso mundo. De alguma forma, seu projeto, como o projeto lúcido do louco, parece inconsciente das energias hostis e da grande indiferença da terra; seu projeto é não pensar nas coisas reais da terra, em povos ou mães orgulhosas lutando, ou no primeiro amor, ou em temer o mar. A terra é muito grande, e o cosmo é muito pequeno. O cosmo é como o menor buraco em que um homem pode esconder a cabeça.

Deve-se entender que não estou discutindo agora a relação desses credos com a verdade, mas, no momento, apenas sua relação com a saúde. Mais adiante, em minha argumentação, espero atacar a questão da veracidade objetiva; por ora, falo apenas de um fenômeno da psicologia. Não pretendo, na presente tentativa, provar a Haeckel[22]

---

21 Joseph Martin McCabe (1867-1955), escritor e livre-pensador inglês. Crítico ferrenho da Igreja Católica, foi membro da Associação Racionalista e da Sociedade Nacional Secular. Chesterton lhe dedicou o cap. 16, "Sobre o sr. McCabe e uma frivolidade divina", do livro *Hereges*. (N.T.)

22 Ernst Heinrich Philipp August Haeckel (1834-1919), biólogo, filósofo, médico e professor alemão, popularizou os pensamentos de Charles Darwin e divulgou o cientificismo positivista. (N.T.)

que o materialismo é falso, assim como não tentei provar ao homem que pensava ser Cristo que ele estava trabalhando sob um erro. Simplesmente observo aqui o fato de que ambos os casos têm o mesmo tipo de completude e o mesmo tipo de incompletude. Você pode explicar a detenção de um homem em Hanwell para um público indiferente dizendo que é a crucificação de um deus do qual o mundo não é digno. A explicação explica. Da mesma forma, você pode explicar a ordem no universo dizendo que todas as coisas, mesmo a alma dos homens, são folhas inevitavelmente desdobradas em uma árvore totalmente inconsciente, o destino cego da matéria. A explicação explica, embora não, é claro, tão completamente quanto a do louco. Mas a questão aqui é que a mente humana normal não apenas se opõe a ambas as explicações, mas sente por ambas a mesma objeção. Sua declaração é, aproximadamente, que, se o homem em Hanwell é o Deus real, ele não é lá muito como um deus. E, similarmente, se o cosmo do materialista é o cosmo real, não é lá muito como um cosmo. A coisa encolheu. A divindade é menos divina que muitos homens; e (de acordo com Haeckel) a vida em seu todo é algo muito mais cinzento, estreito e trivial do que muitos aspectos separados dela. As partes parecem maiores que o todo.

Pois devemos lembrar que a filosofia materialista (verdadeira ou não) é certamente muito mais limitadora do que qualquer religião. Em certo sentido, é claro, todas as ideias inteligentes são estreitas. Elas não podem ser mais amplas do que elas mesmas. Um cristão é restrito apenas no mesmo sentido em que um ateu é restrito. Aquele não pode considerar o cristianismo falso e continuar sendo cristão, e o ateu não pode considerar o ateísmo falso e continuar sendo ateu. Mas acontece que há um sentido muito especial em que o materialismo tem mais restrições do que o espiritualismo. McCabe me considera um escravo, porque não posso acreditar no determinismo. Acho que o sr. McCabe é um escravo, porque ele não tem permissão para acreditar em fadas. Mas, se examinarmos os dois vetos, veremos que o dele é realmente muito mais um veto puro do que o meu. O cristão é totalmente livre para acreditar que há uma quantidade considerável de ordem estabelecida e de desenvolvimento inevitável no universo. Mas o materialista não pode admitir em sua máquina imaculada o menor sinal de espiritualismo ou de milagre. O pobre sr. McCabe não tem permissão para conservar o mais ínfimo duende, embora este possa estar escondido em um morrião. O cristão admite que o universo é multifacetado e até variado, assim como um homem são tem consciência de que é um ser complexo. O homem são sabe que tem um traço da besta, um traço do diabo, um traço do santo, um traço do cidadão. Não, o homem realmente são sabe que tem um traço do louco. Mas o mundo materialista é bastante simples e sólido, assim como o louco tem certeza de que é são. O materialista está certo de que a história tem sido simples e unicamente uma cadeia de causação, assim como a pessoa interessante mencionada anteriormente tem certeza de que é simples e unicamente uma galinha. Materialistas e loucos nunca têm dúvidas.

As doutrinas espirituais não limitam de fato a mente como o fazem as negações materialistas. Mesmo que eu acredite na imortalidade, não preciso pensar nela. Entretanto, se eu descrer da imortalidade, não devo pensar nela. No primeiro caso, a estrada está aberta e eu posso ir tão longe quanto quiser; no segundo, a estrada está fechada. Mas a questão é ainda mais forte, e o paralelo com a loucura é ainda mais estranho. Pois nosso argumento contra a teoria exaustiva e lógica do lunático foi que, certa ou errada, ela gradualmente destruiu a humanidade dele. Ora, a acusação contra as principais deduções do materialista é que, certas ou erradas, elas gradualmente destroem a humanidade dele. Não me refiro apenas à bondade, mas também à esperança, à coragem, à poesia, à iniciativa, a tudo o que é humano.

Por exemplo: quando o materialismo leva os homens a completarem o fatalismo (como geralmente acontece), é muito inútil fingir que isso é, em qualquer sentido, uma força libertadora. É absurdo dizer que você está especialmente promovendo a liberdade quando usa o livre-pensamento para destruir o livre-arbítrio. Os deterministas vêm para prender, não para libertar. Eles podem chamar sua lei de "cadeia" de causação. É a pior cadeia que já atingiu um ser humano. Você pode usar a linguagem da liberdade, se quiser, sobre o ensino materialista, mas é óbvio que isso é tão inaplicável a ela como um todo quanto a mesma linguagem quando aplicada a um homem trancado em um manicômio. Você pode dizer, se quiser, que o homem é livre para se considerar um ovo *poché*. Mas é certamente um fato mais sólido e importante que, se é um ovo *poché*, ele não está livre para comer, beber, dormir, andar ou fumar um cigarro. Da mesma forma, você pode dizer, se quiser, que o ousado especulador determinista está livre para não acreditar na realidade da vontade. Mas é um fato muito mais sólido e importante que ele não é livre para cultivar, amaldiçoar, agradecer, justificar, exortar, punir, resistir a tentações, incitar multidões, fazer resoluções de Ano Novo, perdoar pecadores, repreender tiranos, ou mesmo dizer "Obrigado!" pela mostarda.

Ao concluir esse assunto, posso notar que existe uma falácia estranha no sentido de que o fatalismo materialista é de algum modo favorável à misericórdia, à abolição de punições cruéis ou de punições de qualquer tipo. Isso é surpreendentemente o contrário da verdade. É bastante defensável que a doutrina da necessidade[23] não faz diferença alguma, pois ela deixa o açoitador açoitar e o amável amigo exortando como antes. Mas, obviamente, se for para deter qualquer um deles, ela interromperá a gentil exortação. O fato de os pecados serem inevitáveis não impede a punição; se impede alguma coisa, impede a persuasão. É muito provável que o determinismo leve à crueldade, pois é certo que leva à covardia. O determinismo não é incompatível com o tratamento cruel dado aos criminosos. O que é (talvez) incompatível com ele é o tratamento generoso dado a criminosos, com qualquer apelo aos seus melhores sentimentos ou encorajamento em sua luta moral.

23 Defendida por David Hume (1711–1776), filósofo, historiador, ensaísta e diplomata escocês – um dos mais importantes filósofos modernos do Iluminismo –, também identificada com o determinismo, segundo o qual a necessidade é o elemento essencial da causação, pela conexão, a união constante de eventos. (N.T.)

O determinista não acredita em apelar para a vontade, mas acredita em mudar o ambiente. Ele não deve dizer ao pecador: "vá e não peque mais", porque o pecador não pode evitar de pecar. Mas pode colocá-lo em óleo fervente, pois ferver o óleo é um ambiente. Considerando-se a figura, portanto, o materialista tem o contorno fantástico da figura do louco. Ambos assumem uma posição irrefutável e intolerável.

É claro que não é apenas com relação ao materialista que tudo isso é verdade. A mesma coisa se aplica ao outro extremo da lógica especulativa. Há um cético muito mais terrível do que aquele que acredita que tudo começou com a matéria. É possível encontrar o cético que acredita que tudo começou nele mesmo. Ele não duvida da existência de anjos ou demônios, mas da existência de homens e vacas. Para ele, os próprios amigos são uma mitologia inventada por ele mesmo. Ele criou seu próprio pai e sua própria mãe. Essa fantasia horrível tem algo decididamente atraente para o egoísmo um tanto místico de nossos dias. Aquele editor que achava que os homens dariam certo se acreditassem em si mesmos, aqueles que buscam o Super-homem sempre procurando por ele no espelho, aqueles escritores que falam em estampar sua personalidade em vez de criar vida para o mundo, todos esses têm apenas um centímetro entre si e esse terrível vazio. Então, quando esse mundo amável que cerca o homem se enegrece como uma mentira; quando os amigos se transformam em fantasmas e as fundações do mundo falham; então, quando o homem, acreditando em nada e em nenhum homem, está sozinho em seu próprio pesadelo, o grande lema individualista será escrito sobre ele com vingadora ironia. As estrelas serão apenas pontos na escuridão de seu próprio cérebro; o rosto de sua mãe será apenas um esboço feito por seu próprio lápis insano nas paredes de sua cela. Mas sobre sua cela estará escrito, com terrível verdade: "ele acredita em si mesmo".

Tudo o que nos interessa aqui, no entanto, é notar que esse extremo pensamento todo-egoísta exibe o mesmo paradoxo do outro extremo do materialismo. É igualmente completo em teoria e igualmente estropiado na prática. Por uma questão de simplicidade, é mais fácil afirmar essa noção dizendo que um homem pode acreditar que está sempre em um sonho. Ora, obviamente, não pode haver nenhuma prova positiva dada a ele de que não está em um sonho, pela simples razão de que nenhuma prova pode ser oferecida que não possa ser oferecida em um sonho. Mas se o homem começasse a incendiar Londres e dissesse que sua empregada logo o chamaria para o café da manhã, deveríamos levá-lo e colocá-lo com outros lógicos no lugar que muitas vezes foi mencionado no decorrer deste capítulo. O homem que não acredita em seus sentidos e o homem que acredita em qualquer outra coisa são ambos insanos, mas a insanidade deles não é provada por nenhum erro no argumento, mas pelo manifesto erro de toda a sua vida. Ambos se trancaram cada um em uma caixa, pintadas por dentro com o sol e as estrelas; ambos são incapazes de sair, um para a saúde e a felicidade do céu, o outro mesmo para a saúde e a felicidade da terra. A posição de ambos é bastante razoável; ou melhor, em certo sentido, é infinitamente razoável, assim como uma moedinha é infinitamente circular. Mas existe tal coisa como uma infinidade inferior, uma eternidade básica e servil. É divertido notar que muitos dos modernos, sejam céticos ou místicos, tomaram como sinal certo símbolo oriental, que é o próprio símbolo dessa nulidade final. Quando desejam representar a eternidade, representam-na por uma serpente com a cauda na boca. Há um sarcasmo surpreendente na imagem daquela refeição muito insatisfatória. A eternidade dos fatalistas materiais, a eternidade dos pessimistas orientais, a eternidade dos arrogantes teosofistas e cientistas superiores de hoje é, de fato, muito bem representada por uma serpente comendo a cauda, um animal degradado que destrói a si mesmo.

Este capítulo é puramente prático e diz respeito ao que é de fato a principal marca e elemento da insanidade: podemos dizer, em resumo, que é a razão usada sem ter raiz, razão no vazio. O homem que começa a pensar sem os primordiais princípios adequados enlouquece; ele começa a pensar no final errado. E, no restante dessas páginas, temos de tentar descobrir qual é o final correto. Mas, para concluir, podemos perguntar: se é isso que deixa os homens loucos, o que os mantém sãos? No final deste livro, espero dar uma resposta definitiva, alguns pensarão que é definitiva demais. Mas, por enquanto, é possível, da mesma maneira prática, dar uma resposta geral, tocando o que, na história humana real, mantém os homens sãos. O misticismo mantém os homens sãos. Enquanto você tem mistério, você tem saúde; quando destrói o mistério, você cria morbidade. O homem comum sempre foi são porque sempre foi um místico. Ele tolera o crepúsculo. Ele sempre teve um pé na terra e outro no país das fadas. Ele sempre se deixou livre para duvidar de seus deuses; mas (ao contrário do agnóstico de hoje) livre também para acreditar neles. Ele sempre se importou mais com a verdade do que com a consistência. Se ele visse duas verdades que pareciam contradizer uma à outra, ele tomaria as duas verdades e a contradição junto com elas. Sua visão espiritual é estereoscópica, assim como sua visão física: ele vê duas imagens diferentes ao mesmo tempo e ainda vê tudo de melhor graças a isso. Dessa forma, ele sempre acreditou que havia tal coisa como destino, mas também tal coisa como livre-arbítrio. Portanto, ele acreditava que as crianças estavam realmente no reino dos céus, mas, mesmo assim, deveriam ser obedientes ao reino da terra. Ele admirava a juventude, porque ela era jovem; e a velhice, porque ela não era. É exatamente esse equilíbrio de aparentes contradições que tem sido toda a alegria de viver do homem saudável. Todo o segredo do misticismo é este: tal homem pode entender tudo com a ajuda daquilo que ele não entende. O lógico mórbido procura tornar tudo lúcido e consegue tornar tudo misterioso. O místico permite que uma coisa seja misteriosa, e tudo o mais se torna lúcido. O determinista torna a teoria da causação bastante clara, e então descobre que não pode dizer "se você quiser" para a empregada doméstica. O cristão permite que o livre-arbítrio permaneça um mistério sagrado, mas, por causa disso, suas relações com a empregada doméstica tornam-se de uma clareza cintilante e cristalina. Ele coloca a semente do dogma em uma escuridão central, mas a semente se ramifica em todas as direções com abundante saúde natural. Assim como tomamos o círculo como símbolo da razão e da loucura, podemos muito bem tomar a cruz como símbolo ao mesmo tempo de mistério e de saúde. O budismo é centrípeto, mas o cristianismo é centrífugo: ele irrompe. Embora o círculo seja perfeito e infinito em sua natureza, é fixo para sempre em seu tamanho, nunca pode ser maior ou menor. Mas a cruz, embora tenha em seu cerne uma colisão e uma contradição, pode estender seus quatro braços para sempre, sem alterar sua forma. Por ter um paradoxo em seu centro, ela pode crescer sem mudar. O círculo retorna sobre si mesmo e é limitado. A cruz abre os braços para os quatro ventos; é um poste itinerário para viajantes livres.

Os símbolos por si sós têm um valor nebuloso para falar dessa matéria profunda, e outro símbolo da natureza física expressará suficientemente bem o lugar real do misticismo diante da humanidade. A única coisa criada para a qual não podemos olhar é a única coisa à luz da qual olhamos para tudo. Como o Sol ao meio-dia, o misticismo explica tudo o mais pelo brilho de sua própria invisibilidade vitoriosa. O intelectualismo imparcial é (no sentido exato de uma frase popular) todo o luar, porque é luz sem calor, e é luz secundária, refletida por um mundo morto. Mas os gregos estavam certos quando fizeram de Apolo o deus tanto da imaginação quanto da sanidade, porque ele era tanto o patrono da poesia quanto o patrono da cura. Dos dogmas necessários e de um credo especial falarei depois. Mas esse transcendentalismo pelo qual todos os homens vivem tem basicamente muito da posição do Sol no céu. Estamos conscientes dele como de uma espécie de esplêndida confusão; é algo tanto brilhante quanto disforme, ao mesmo tempo um brilho e um borrão. Mas o círculo da Lua é tão claro e inconfundível, tão recorrente e inevitável quanto o círculo de Euclides[24] no quadro--negro. Pois a Lua é totalmente razoável; e a Lua é a mãe dos lunáticos[25] e deu a todos eles o seu nome.

---

24 Segundo a definição de Euclides (c. 300 a.C.), matemático grego conhecido como o "Pai da Geometria", em *Os elementos*, a mais conhecida obra atribuída a ele, "círculo é uma figura plana contida por uma linha [circunferência], em relação à qual todas as retas que a encontram [a circunferência], a partir de um ponto dos postos no interior da figura, são iguais entre si". (N.T.)

25 O termo significa, primeiramente, "que é influenciado pela Lua", como as marés. Mas é também sinônimo de maluco, "pessoa que tem manias, caprichos ou excentricidades que, antigamente, se supunha serem decorrentes da influência da Lua" (*Dicionário brasileiro da língua portuguesa Michaelis*, online). (N.T.)

CAPÍTULO III

O SUICÍDIO DO PENSAMENTO

As frases ditas na rua não são apenas forçadas, mas sutis: pois uma figura de linguagem pode muitas vezes ser simples demais para receber uma definição. Expressões como "apagado" ou "estar pra baixo" poderiam ter sido cunhadas pelo sr. Henry James[26] em uma agonia de precisão verbal. E não há verdade mais sutil do que a da frase cotidiana sobre um homem colocar "o coração na coisa certa". Ela envolve a ideia de proporção normal: não apenas existe certa função, mas ela está corretamente relacionada a outras funções. De fato, a negação dessa frase descreveria com precisão peculiar a misericórdia um tanto mórbida e a ternura perversa dos modernos mais representativos. Se, por exemplo, eu tivesse de descrever com justiça o caráter do sr. Bernard Shaw, não poderia me expressar de modo mais exato do que dizendo que ele tem um coração heroicamente grande e generoso, mas não um coração colocado nas coisas certas. E isso é verdade quanto à sociedade típica de nosso tempo.

O mundo moderno não é maligno; de certa forma, o mundo moderno é bom demais. Está cheio de virtudes descontroladas e desperdiçadas. Quando um projeto religioso é quebrado (como o cristianismo foi quebrado na Reforma), não são apenas os vícios

26 Henry James Jr. (1843-1916), escritor, dramaturgo, ensaísta e crítico americano naturalizado britânico, um dos principais autores realistas do séc. XIX. (N.T.)

que são soltos. Os vícios são, de fato, soltos, e eles vagam e causam danos. Mas as virtudes também são soltas; e as virtudes vagam mais descontroladamente, e as virtudes causam mais danos terríveis. O mundo moderno está cheio das velhas virtudes cristãs enlouquecidas. As virtudes enlouqueceram, porque foram isoladas umas das outras e estão vagando sozinhas. Assim, alguns cientistas se importam com a verdade; e a verdade deles é impiedosa. Assim, alguns humanitários só se importam com a compaixão, e sua compaixão (lamento dizer) é frequentemente falsa.

Por exemplo, o sr. Blatchford ataca o cristianismo por estar furioso com uma virtude cristã: a virtude meramente mística e quase irracional da caridade. Ele defende uma estranha ideia de que tornará mais fácil perdoar pecados por dizer que não existem pecados para perdoar. O sr. Blatchford não é apenas um cristão primitivo, mas é o único cristão primitivo que realmente deveria ter sido devorado por leões. Pois, no caso dele, a acusação pagã é realmente verdadeira: sua misericórdia significaria mera anarquia. Ele realmente é o inimigo da raça humana, porque ele é humano demais.

Como extremo oposto, podemos tomar o realista mordaz, que deliberadamente matou em si mesmo todo o prazer humano em contos felizes ou na cura do coração. Torquemada[27] torturava as pessoas fisicamente em nome da verdade moral. Zola[28] torturava as pessoas moralmente em nome da verdade física. Mas, na época de Torquemada, havia pelo menos um sistema que podia, em certa medida, fazer a justiça e a paz se beijarem. Agora elas nem sequer demonstram reverência uma pela outra. Mas um caso muito mais forte do que esses dois quanto à verdade e a compaixão pode ser encontrado no notável caso do deslocamento da humildade.

---

27 Tomás de Torquemada (1420-1498), frade dominicano espanhol, o Grande Inquisidor, perseguiu de modo severo a todos, principalmente aos judeus, aos que impediam que seu país tivesse apenas *sangre limpia*, ou seja, apenas cristãos. (N.T.)

28 Émile Zola (1840-1902), escritor, crítico e ativista político, considerado o mais importante novelista francês do séc. XIX. Era defensor do naturalismo, movimento que adaptou às artes ao ponto de vista darwinista sobre a natureza. (N.T.)

É apenas com um aspecto da humildade que estamos aqui preocupados. A humildade era largamente entendida como uma restrição à arrogância e à infinitude do apetite do homem. Ele estava sempre sobrepujando suas misericórdias com as próprias necessidades recém-inventadas. Seu próprio poder de desfrute destruiu metade de suas alegrias. Ao pedir por prazer, ele perdeu o prazer principal, pois o principal prazer é a surpresa. Por isso, tornou-se evidente que, se um homem tornasse seu mundo grande, ele mesmo deveria estar sempre se tornando pequeno. Até as visões arrogantes, as cidades altas e os pináculos tombados são criações da humildade. Gigantes que percorrem florestas como a grama são criações da humildade. Torres que desaparecem acima da estrela mais solitária são criações da humildade. Pois torres não são altas a menos que olhemos para elas; e gigantes não são gigantes a menos que sejam maiores que nós. Toda essa imaginação de coisas gigantescas (que é, talvez, o mais poderoso dos prazeres do homem), é, no fundo, inteiramente humilde. É impossível, sem humildade, desfrutar de qualquer coisa, até mesmo do orgulho.

Mas o que sofremos hoje é a humildade no lugar errado. A modéstia foi movida do órgão da ambição. A modéstia foi assentada no órgão da convicção, onde nunca foi planejado que estivesse. Um homem deveria duvidar de si mesmo, mas manter-se sem duvidar quanto à verdade (exatamente isso foi invertido). Hoje em dia, a parte do homem que o homem defende é exatamente a parte que ele não deveria defender: ele mesmo. A parte de que ele duvida é exatamente a parte de que ele não deve duvidar: a razão divina. Huxley[29] pregou uma humildade satisfeita em aprender com a natureza. Mas o novo cético é tão humilde que duvida até mesmo de que possa aprender. Assim, estaríamos errados ao dizer apressadamente que não existe humildade típica de nosso tempo. A verdade é que existe uma verdadeira

29 Sir Thomas Henry Huxley (1825-1895), biólogo inglês, amigo de Charles Darwin e um dos maiores defensores e divulgadores da teoria evolucionista. (N.T.)

humildade típica de nosso tempo, mas acontece que ela é, na prática, uma humildade mais venenosa do que as prostrações mais loucas do asceta. A velha humildade era um estímulo que impedia um homem de parar, não um prego no sapato que o impedia de continuar. Pois a velha humildade fazia um homem duvidar de seus esforços, o que poderia fazê-lo trabalhar mais. Mas a nova humildade faz um homem duvidar de seus objetivos, o que fará com que ele pare completamente de trabalhar.

Em qualquer esquina podemos encontrar um homem que profere a declaração frenética e blasfema de que pode estar errado. Todos os dias alguém se depara com uma pessoa dizendo que, evidentemente, seu ponto de vista pode não ser o correto. Evidentemente seu ponto de vista deve ser o correto, ou não é o ponto de vista dele. Estamos a caminho de produzir uma raça de homens mentalmente modestos demais para acreditar na tabuada de multiplicação. Corremos o risco de ver filósofos que duvidam da lei da gravidade por considerarem-na mera fantasia própria. Os escarnecedores de antigamente eram orgulhosos demais para serem convencidos, mas os de hoje são humildes demais para serem convencidos. Os mansos herdarão a terra, mas os céticos modernos são mansos demais para reivindicar sua herança. É exatamente esse desamparo intelectual que é nosso segundo problema.

O capítulo anterior preocupou-se apenas com a observação de um fato: que o perigo da morbidez que existe para o homem vem mais de sua razão do que de sua imaginação. Não se destinava a atacar a autoridade da razão; pelo contrário, seu propósito final é defendê-la. Pois ela precisa de defesa. Todo o mundo moderno está em guerra com a razão, e a torre já vacila.

Os sábios, é dito muitas vezes, não podem ver resposta para o enigma da religião. Mas o problema com nossos sábios não é que eles não possam ver a resposta, é que eles não conseguem nem mesmo ver o enigma. Eles são como crianças tão estúpidas que não percebem nada paradoxal na afirmação lúdica de que uma porta não é uma porta. Os modernos latitudinários falam, por exemplo, sobre a autoridade na religião, não apenas como se não houvesse nenhuma razão nela, mas como se nunca tivesse havido qualquer razão para ela. Além de não verem sua base filosófica, eles não podem sequer ver sua causa histórica. A autoridade religiosa tem, muitas vezes, sem dúvida, sido opressiva ou irracional, assim como todo sistema legal (e especialmente o nosso atual) tem sido insensível e cheio de cruel apatia. É racional atacar a polícia; não, é glorioso. Mas os críticos modernos da autoridade religiosa são como homens que atacam a polícia sem nunca terem ouvido falar de assaltantes. Pois existe um grande e possível perigo para a mente humana: um perigo tão prático quanto o assalto. Contra ele, a autoridade religiosa foi erigida, correta ou incorretamente, como uma barreira. E contra ele algo certamente deve ser erigido como uma barreira, se nossa raça quiser evitar a ruína.

Esse perigo é que o intelecto humano é livre para se destruir. Assim como uma geração poderia impedir a existência da próxima geração por entrar em um mosteiro ou saltar no mar, um grupo de pensadores pode, em alguma medida, evitar pensamentos adicionais por ensinar à próxima geração que não há validade em qualquer pensamento humano. É inútil falar sempre da escolha entre razão e fé. A razão é, em si mesma, uma questão de fé. É um ato de fé afirmar que nossos pensamentos têm alguma relação com a realidade. Se você é meramente um cético, mais cedo ou mais tarde deve se perguntar: "Por que *qualquer coisa* deveria dar certo, até mesmo observação e dedução? Por que a boa lógica não poderia ser tão enganosa quanto a lógica ruim? Não são elas movimentos no cérebro de um macaco desnorteado?". O jovem cético diz: "Tenho o direito de pensar por mim mesmo". Mas o velho cético, o cético completo, diz: "Não tenho o direito de pensar por mim mesmo. Não tenho o direito de pensar de modo algum".

Existe um pensamento que interrompe o pensamento. Esse é o único pensamento que deveria ser interrompido. Esse é o mal supremo contra o qual toda autoridade religiosa foi apontada.

Ele aparece apenas no final de eras decadentes como a nossa. E o sr. H. G. Wells já levantou sua perniciosa bandeira: ele escreveu uma delicada obra de ceticismo chamada *Doubts of the Instrument* [Dúvidas do instrumento]. Nela, ele questiona o cérebro em si e se esforça para remover toda a realidade de todas as próprias afirmações, passadas, presentes e futuras. Mas foi contra essa remota ruína que todos os sistemas militares da religião foram originalmente hierarquizados e liderados.

Os credos e as cruzadas, as hierarquias e as terríveis perseguições não foram organizadas, como é ignorantemente dito, para a supressão da razão. Eles foram organizados para a difícil defesa da razão. O homem, por um instinto cego, sabia que, se as coisas fossem descontroladamente questionadas, a razão poderia ser questionada primeiro. A autoridade dos sacerdotes para absolver, a autoridade dos papas para definir a autoridade, mesmo a dos inquisidores para aterrorizar: essas eram apenas as defesas sombrias erguidas em volta de uma autoridade central, mais indemonstrável, mais sobrenatural do que todas, a autoridade de um homem para pensar. Sabemos agora que isso é assim; não temos desculpa para não saber isso. Pois podemos ouvir o ceticismo irrompendo no velho círculo de autoridades e, no mesmo momento, podemos ver a razão oscilando sobre o próprio trono. Na medida em que a religião desapareceu, a razão está desaparecendo, pois são ambas do mesmo tipo primário e de autoridade. Ambas são métodos de prova que não podem ser provados. E, no ato de destruir a ideia de autoridade divina, destruímos em grande parte a ideia daquela autoridade humana pela qual fazemos uma operação de divisão com números grandes. Com um puxão longo e contínuo, tentamos tirar a mitra do homem pontifício, e a cabeça dele saiu junto com ela.

Para que isso não seja chamado de afirmação frouxa, é talvez desejável, embora enfadonho, passar rapidamente pelas principais formas modernas de pensamento que têm esse efeito de parar o próprio pensamento. O materialismo e o ponto de vista de que tudo é uma ilusão pessoal têm algum efeito semelhante, pois, se a mente é mecânica, o pensamento não pode ser muito empolgante, e, se o cosmo é irreal, não há nada em que pensar. Mas nesses casos o efeito é indireto e duvidoso. Em alguns casos, é direto e claro, de modo notável no caso daquilo que é geralmente chamado de evolução.

A evolução é um bom exemplo da inteligência moderna que, se destrói tudo, destrói a si mesma. A evolução é uma descrição científica inocente de como certas coisas terrenas surgiram, ou, se for mais do que isso, é um ataque ao próprio pensamento. Se a evolução destrói alguma coisa, ela não destrói a religião, mas o racionalismo. Se a evolução significa simplesmente que uma coisa positiva chamada macaco se transformou muito lentamente em uma coisa positiva chamada homem, então é inofensiva para os mais ortodoxos, pois um Deus pessoal poderia muito bem fazer as coisas lentamente tanto quanto rapidamente, ainda mais se, como o Deus cristão, ele estivesse fora do tempo. Mas, se isso significa algo mais, significa que não existe um macaco para se transformar nem um homem no qual se tornar. Isso significa que não existe tal coisa como uma coisa. Na melhor das hipóteses, há apenas uma coisa, e é um fluxo de tudo e de qualquer coisa. Esse é um ataque não à fé, mas à mente: você não pode pensar se não há coisas em que pensar. Você não pode pensar se você não está separado do sujeito do pensamento. Descartes disse: "penso, logo existo". O evolucionista filosófico inverte e nega o epigrama. Ele diz: "eu não existo, logo não posso pensar".

Depois, há o ataque oposto ao pensamento: o instigado pelo sr. H. G. Wells, quando insiste em que cada coisa separada é "única" e não há, portanto, categorias. Isso também é meramente destrutivo. Pensar significa conectar as coisas e parar se elas não puderem ser conectadas. É quase desnecessário dizer que esse ceticismo que proíbe o pensamento necessariamente proíbe o discurso: um homem não pode abrir a boca sem contradizê-lo. Assim, quando o sr. Wells diz (como o fez em algum lugar): "todas as cadeiras são bem diferentes", ele profere não apenas uma distorção, mas uma contradição em termos. Se todas as cadeiras fossem bem diferentes, você não poderia chamá-las de "todas as cadeiras".

Semelhante a estas é a falsa teoria do progresso, que sustenta que alteremos o teste em vez de tentar passar no teste. Muitas vezes ouvimos dizer, por exemplo: "o que é certo em uma época é errado em outra". Isso é bastante razoável, se significar que há um objetivo fixo e que certos métodos o atingem em certos momentos e não em outros. Se as mulheres, digamos, desejam ser elegantes, pode ser que elas se apresentem melhor em certa época por engordarem e, em outra, por emagrecerem. Mas você não pode dizer que elas se apresentam melhor por deixar de ser elegantes e começar a desejar ser oblongas. Se o padrão mudar, como pode haver melhora, a qual implica um padrão?

Nietzsche introduziu uma ideia absurda de que os homens já haviam procurado como bem o que hoje chamamos de mal. Se fosse assim, não poderíamos falar em ultrapassar ou mesmo ficar aquém deles. Como você pode ultrapassar Fulano se caminhar na outra direção? Você não pode discutir se um povo teve mais sucesso em ser infeliz do que outro teve sucesso em ser feliz. Seria como discutir se Milton[30] era mais puritano do que um porco é gordo.

É verdade que um homem (um homem tolo) pode fazer da mudança seu próprio objetivo ou ideal. Mas, como ideal, a própria mudança se torna imutável. Se o adorador de mudanças deseja estimar seu próprio progresso, ele deve ser severamente leal ao ideal de mudança; ele não deve começar a flertar alegremente com o ideal da monotonia. O próprio progresso não pode progredir. Vale a pena observar, de passagem, que, quando Tennyson[31], de maneira selvagem e bastante fraca, acolheu a ideia de alteração infinita na sociedade, ele instintivamente tomou uma metáfora que sugere um tédio aprisionado. Ele escreveu:

---

30 John Milton (1608-1674), poeta e intelectual inglês, autor de *Paraíso perdido* (1667) e de *Areopagitica* (1644). (N.T.)

31 Alfred Tennyson (1809-1892), poeta inglês que escrevia principalmente sobre temas clássicos mitológicos. (N.T.)

"Que gire o grande mundo para sempre nos retumbantes sulcos[32] da mudança."

Ele pensou na mudança como um sulco imutável, e assim é. Mudança tem relação com o sulco mais estreito e mais árduo em que um homem pode entrar.

O ponto principal aqui, no entanto, é que essa ideia de uma alteração fundamental no padrão é uma das coisas que tornam o pensamento sobre o passado ou o futuro simplesmente impossível. A teoria de uma mudança completa de padrões na história humana não apenas nos priva do prazer de honrar nossos pais, mas nos priva até do prazer mais moderno e aristocrático de desprezá-los.

Esse resumo pobre das forças destruidoras do pensamento de nosso tempo não estaria completo sem alguma referência ao pragmatismo; pois, embora eu tenha usado aqui e deva, em toda parte, defender o método pragmático como um guia preliminar para a verdade, há uma aplicação extrema dele que envolve a ausência de toda a verdade. O que quero dizer pode ser sumarizado assim. Concordo com os pragmatistas que a verdade objetiva aparente não é a coisa toda; que existe uma necessidade autoritativa de acreditar nas coisas que são necessárias à mente humana. Mas digo que uma dessas necessidades é precisamente a crença na verdade objetiva. O pragmatista diz a um homem para pensar o que ele deve pensar e não se importar com o Absoluto. Mas precisamente uma das coisas em que ele deve pensar é o Absoluto. Essa filosofia, na verdade, é uma espécie de paradoxo verbal. O pragmatismo é uma questão de necessidades humanas, e uma das primeiras necessidades humanas é ser algo mais que um pragmático. O pragmatismo extremo é tão desumano quanto o determinismo que ele tão poderosamente ataca. O determinista (que, para fazer-lhe justiça, não finge ser um ser humano) faz do senso

---

32 *Groove*, no original, pode também significar "rotina, esquema; existência com a qual se está acomodado e da qual é difícil escapar". É a mesma palavra usada nas duas frases que se seguem. (N.T.)

humano da escolha real algo absurdo. O pragmatista, que professa ser especialmente humano, faz do senso humano do fato real algo absurdo.

Para resumir nosso ponto de vista até agora, podemos dizer que as filosofias atuais mais características não têm apenas um toque de mania, mas um toque de mania suicida. O mero questionador bateu a cabeça contra os limites do pensamento humano e a quebrou. Isso é o que torna tão fúteis as advertências dos ortodoxos e as jactâncias dos progressistas sobre a infância perigosa do livre-pensamento. O que estamos vendo não é a infância do livre-pensamento; é a velhice e a dissolução final do livre-pensamento. É inútil que bispos e figurões piedosos discutam que coisas terríveis acontecerão se o ceticismo descontrolado seguir seu curso. Ele já seguiu seu curso. É inútil para os ateus eloquentes falarem das grandes verdades que serão reveladas se virmos o livre-pensamento começar. Nós o vimos terminar. Não há mais perguntas a fazer; ele questionou a si mesmo. Você não pode invocar nenhuma visão mais louca do que a de uma cidade em que os homens se perguntam se eles mesmo existem. Você não pode imaginar um mundo mais cético do que aquele em que os homens duvidam se existe um mundo. O livre-pensamento poderia, sem dúvida, ter alcançado sua falência de modo mais rápido e puro se não tivesse sido debilmente atrapalhado pela aplicação de leis indefensáveis de blasfêmia ou pela absurda pretensão de que a Inglaterra moderna é cristã. Mas teria chegado à falência de qualquer maneira. Ateístas militantes ainda são injustamente perseguidos, mais por serem uma minoria antiga do que por ser nova. O livre-pensamento esgotou sua própria liberdade. Está cansado de seu próprio sucesso. Se qualquer livre-pensador zeloso agora saúda a liberdade filosófica como a aurora, ele é apenas como o homem de Mark Twain[33], que saiu envolto em cobertores para ver o sol nascer e chegou bem a tempo de vê-lo se pôr. Se algum curador assustado ainda diz que será terrível se a escuridão

33 Pseudônimo de Samuel Langhorne Clemens (1835-1910), escritor e jornalista americano, conhecido por suas narrativas de viagem e pelas histórias sobre a infância. (N.T.)

do livre-pensamento se espalhar, só podemos lhe responder com as palavras altas e poderosas do sr. Belloc[34]: "eu lhe peço, não se preocupe com o aumento de forças já em dissolução. Você confundiu a hora da noite: já é de manhã". Não temos mais perguntas a fazer. Procuramos perguntas nos cantos mais escuros e nos picos mais selvagens. Encontramos todas as perguntas que podem ser encontradas. É hora de desistirmos de procurar perguntas e começarmos a procurar respostas.

Mais uma palavra, porém, deve ser adicionada. No começo deste esboço negativo preliminar, eu disse que nossa ruína mental foi forjada por uma razão descontrolada, não por uma imaginação descontrolada. Um homem não enlouquece porque faz uma estátua de um quilômetro de altura, mas pode enlouquecer ao pensá-la com poucos centímetros quadrados. Ora, uma escola de pensadores viu isso e saltou para ela como uma maneira de renovar a saúde pagã do mundo. Eles veem que a razão destrói; mas a Vontade, eles dizem, cria. A autoridade última, dizem eles, está na vontade, não na razão. O ponto supremo não é porque um homem exige uma coisa, mas o fato de que ele a exige. Não tenho espaço para traçar ou expor essa filosofia da Vontade. Ela veio, suponho, por meio de Nietzsche[35], que pregou algo que se chama egoísmo. Isso, de fato, era simplista o suficiente, pois Nietzsche negou o egoísmo simplesmente pregando-o. Pregar qualquer coisa é uma doação. Primeiro, o egoísta chama a vida de uma guerra sem misericórdia e, então, emprega o maior esforço possível para treinar seus inimigos na guerra. Pregar o egoísmo é praticar o altruísmo. Mas, onde quer que tenha começado, essa opinião é bastante comum na literatura atual. A principal defesa desses pensadores é que eles não são pensadores: eles são fabricantes. Eles dizem que a escolha é, em si

34 Joseph Hilaire Pierre René Belloc (1870-1953), prolífico escritor, filósofo e historiador anglo-francês naturalizado britânico. Católico fervoroso, era amigo de Chesterton, a quem ajudou no processo de conversão do anglicanismo para o catolicismo. Com seu amigo, partilhava do ideal do distributismo, uma alternativa ao capitalismo e ao comunismo. (N.T.)

35 Friedrich Wilhelm Nietzsche (1844-1900), filósofo, crítico cultural e poeta prussiano. Opositor do cristianismo e da razão, defendia o resgate do elemento dionisíaco da vida, o impulso criativo, insaciável da vida. (N.T.)

mesma, a coisa divina. Assim, o sr. Bernard Shaw atacou a velha ideia de que os atos dos homens devem ser julgados pelo padrão do desejo de felicidade. Ele diz que um homem não age visando à felicidade, mas por vontade. Ele não diz: "geleia me fará feliz", mas: "eu quero geleia". E em tudo isso os outros o seguem com ainda maior entusiasmo. O sr. John Davidson[36], um notável poeta, está tão apaixonadamente entusiasmado com isso que é obrigado a escrever prosa. Ele publica uma peça curta com vários prefácios longos. Isso é bastante natural no sr. Shaw, pois todas as suas peças são prefácios: o sr. Shaw é (eu suspeito) o único homem na terra que nunca escreveu poesia alguma. Mas que Davidson (que pode escrever excelente poesia) deveria escrever uma metafísica elaborada em defesa dessa doutrina da vontade, a fim de mostrar que a doutrina da vontade tomou conta dos homens. Até o sr. H. G. Wells falou parcialmente na linguagem dessa doutrina; ele diz que se deve testar os atos não como um pensador, mas como um artista, dizendo: "*sinto* que esta curva está correta" ou: "essa linha *deve* ser assim". Eles estão todos entusiasmados; e, bem, eles podem estar. Por meio dessa doutrina da autoridade divina da vontade, eles pensam que podem sair da fortaleza condenada do racionalismo. Eles acham que podem escapar.

Mas eles não podem escapar. Esse puro louvor da volição termina na mesma desintegração e no mesmo vácuo que a mera busca da lógica. Exatamente como o completo livre-pensamento envolve a dúvida do próprio pensamento, assim a aceitação do mero "querer" realmente paralisa a vontade. O sr. Bernard Shaw não percebeu a diferença real entre o antigo teste utilitário de prazer (desajeitado, claro, e facilmente distorcido) e o que ele propõe. A diferença real entre o teste da felicidade e o teste da vontade é simplesmente que o teste da felicidade é um teste, e o outro não é. Você pode discutir se o ato de um homem saltar de um penhasco foi para buscar a felicidade; você não pode discutir se foi derivado da vontade. Claro que foi. Você pode elogiar uma ação dizendo que ela foi calculada para trazer

36 Poeta, dramaturgo e novelista escocês (1857-1909), sofreu com problemas financeiros e com câncer, suicidando-se em razão disso. Era amigo de Bernard Shaw. (N.T.)

prazer ou dor, para descobrir a verdade ou salvar a alma. Mas você não pode elogiar uma ação porque ela mostra vontade, pois dizer isso é meramente dizer que ela é uma ação. Por meio desse elogio à vontade você não pode realmente determinar que um caminho é melhor que o outro. E, no entanto, escolher um caminho melhor do que outro é a própria definição da vontade que você está elogiando.

A adoração da vontade é a negação da vontade. Admirar a mera escolha é se recusar a escolher. Se o sr. Bernard Shaw vier até mim e disser: "queira algo", isso equivale a dizer: "não me importo com o que você quer", e isso equivale a dizer: "não tenho nenhuma vontade quanto a isso". Você não pode admirar a vontade em geral, pois a essência da vontade é ser ela particular. Um anarquista brilhante como o sr. John Davidson sente uma irritação com respeito à moralidade comum e, portanto, invoca a vontade, a vontade para qualquer coisa. Ele só quer que a humanidade queira alguma coisa. Mas a humanidade quer alguma coisa. Ela quer a moralidade comum. Ele se revolta contra a lei e nos diz para querer alguma coisa ou qualquer coisa. Mas nós desejamos algo. Nós desejamos a lei contra a qual ele se revolta.

Todos os adoradores da vontade, de Nietzsche ao sr. Davidson, estão de fato completamente vazios de vontade. Eles não podem querer, eles mal podem querer. E, se alguém quiser uma prova disso, ela pode ser encontrada mui facilmente. Pode ser encontrada neste fato: que eles sempre falam da vontade como algo que se expande e lhes escapa. Mas é exatamente o oposto. Todo ato da vontade é um ato de autolimitação. Desejar ação é desejar a limitação. Nesse sentido, todo ato é um ato de autossacrifício. Quando escolhe alguma coisa, você rejeita todas as demais. Tal objeção, que os homens dessa escola costumavam fazer ao ato do casamento, é, na verdade, uma objeção a cada ato. Cada ato é uma seleção e uma exclusão irrevogáveis. Assim como, ao se casar com uma mulher, você desiste de todas as outras, ao tomar um curso de ação você desiste de todos os outros cursos. Se você se tornar rei da Inglaterra, você desiste do posto de bedel em Brompton[37]. Se você vai para Roma, sacrifica uma rica vida empolgante em Wimbledon[38].

É a existência desse lado negativo ou limitante da vontade que torna a maior parte da conversa dos anárquicos adoradores da vontade pouco melhor do que um absurdo. Por exemplo: o sr. John Davidson nos diz para não termos nenhuma relação com o "não farás" da Bíblia; mas é certamente óbvio que "não farás" é apenas um dos corolários necessários do "eu vou". "eu vou ao *Lord Mayor's Show*[39], e você não me impedirá."

O anarquismo nos força a ser ousados artistas criativos e não se preocupa com leis ou limites. Mas é impossível ser um artista e não se importar com leis e limites. Arte é limitação; a essência de cada quadro é a moldura. Se você desenhar uma girafa, deve desenhá-la com um pescoço longo. Se, em seu ousado modo criativo, você se sentir livre para desenhar uma girafa com um pescoço curto, descobrirá de fato que não é livre para desenhar uma girafa. No momento em que entra no mundo dos fatos, você entra em um mundo de limites. Você pode libertar coisas de leis estranhas ou acidentais, mas não das leis da própria natureza delas. Você pode, se quiser, libertar um tigre de sua jaula, mas não o liberte de suas listras. Não liberte o camelo do fardo de sua corcova: você pode estar libertando-o de ser um camelo. Não aja como um demagogo, encorajando triângulos a saírem da prisão de seus três lados. Se um triângulo se libertar de seus três lados, a vida dele chegará a um final lamentável. Alguém escreveu uma obra chamada *The Loves of the Triangles*[40] [Os amores dos triângulos]. Eu nunca a li,

37 Área histórica de Londres, no condado de Middlesex, conhecida pelo cemitério, por universidades, museus e lugares ligados à cultura. (N.T.)

38 Distrito e "cidade" no sudoeste de Londres, sede do conhecido torneio de tênis criado em 1877. (N.T.)

39 Evento anual iniciado no séc. XVI no qual o novo *lord mayor* (cargo sem similar no Brasil e distinto do prefeito [*mayor*]) da cidade de Londres (cidade e condado cerimonial dentro da Grande Londres) sai às ruas em uma carruagem fulgurante. O desfile mistura a típica pompa britânica com elementos do carnaval: fantasias, danças, carros alegóricos. (N.T.)

40 Poema satírico e erótico de George Canning (1770-1827), político britânico, no qual parodia outro poema bizarro chamado "The Loves of the Plants" [Os amores das plantas], de Erasmus Darwin (1731-1802), médico, inventor, poeta e abolicionista inglês. (N.T.)

mas tenho certeza de que, se os triângulos fossem amados, eles seriam amados por serem triangulares. Com certeza, é isso que ocorre com toda a criação artística, que é, de certa forma, o exemplo mais decisivo da vontade pura. O artista ama suas limitações: elas constituem a *coisa* que ele está fazendo. O pintor fica feliz por ser plana a tela. O escultor fica feliz porque a argila é incolor.

Caso o argumento não esteja claro, um exemplo histórico pode ilustrá-lo. A Revolução Francesa foi realmente uma coisa heroica e decisiva, porque os jacobinos[41] queriam algo definido e limitado. Eles desejavam as liberdades da democracia, mas também todos os vetos da democracia. Eles queriam ter votos e *não* ter títulos. O republicanismo tinha um lado ascético em Franklin ou Robespierre, bem como um lado expansivo em Danton ou Wilkes[42]. Portanto, criaram algo com substância e forma sólidas, a igualdade social justa e a riqueza camponesa da França. Mas, desde então, a mente revolucionária ou especulativa da Europa foi enfraquecida pelo encolhimento de qualquer proposta por causa dos limites dessa proposta. O liberalismo

41 O mais importante grupo político da Revolução Francesa, de membros das classes populares, caracterizado pelo republicanismo radical ao lado do papel centralizador do Estado. Estiveram à frente da instauração da República, em 1792, e, durante o ano em que governaram, período conhecido como Grande Terror, atuaram com extrema severidade contra as classes altas da sociedade, levando à guilhotina milhares de opositores políticos. A Revolução Francesa marca o colapso da secular monarquia absolutista juntamente com os privilégios que aristocratas e religiosos usufruíam, substituídos pelos ideais de liberdade, igualdade e fraternidade. (N.T.)

42 Benjamin Franklin (1706-1790), jornalista, autor, político, abolicionista e cientista americano. Foi um dos líderes da Revolução Americana e o primeiro embaixador dos Estados Unidos na França. Assinou três dos mais importantes documentos na criação dos Estados Unidos: a Declaração da Independência, o Tratado de Paz e a Constituição. Maximilien François Marie Isidore de Robespierre (1758-1794), advogado e político francês, líder do Clube dos Jacobinos (1790), um dos personagens mais destacados na Revolução Francesa. Por suas ações radicais, ficou conhecido como o Ditador Sanguinário durante o Grande Terror. Georges Jacques Danton (1759-1794), advogado e político francês, foi opositor de Robespierre e repelia a violência contra os religiosos. Morreu na guilhotina, condenado como opositor da República. John Wilkes (1725-1797), radical, jornalista e político britânico. Apoiou os rebeldes durante a Guerra Americana pela Independência, mas adotou posições conservadoras a partir de 1780. Por ter-se retirado da política em 1790, não tomou parte nas reformas sociais que se seguiram à Revolução Francesa. (N.T.)

foi degradado em liberalidade. Os homens tentaram transformar "revolucionar" de verbo transitivo para intransitivo. O jacobino poderia falar-lhe não apenas do sistema contra o qual ele se rebelaria, mas (o que era mais importante) do sistema contra o qual *não* se rebelaria, o sistema em que confiaria. Mas o novo rebelde é um cético e não confia inteiramente em nada. Ele não tem lealdade; portanto, ele nunca pode ser realmente um revolucionário. E o fato de duvidar de tudo de fato atrapalha quando ele quer denunciar qualquer coisa. Pois toda denúncia implica uma doutrina moral de algum tipo, e o revolucionário moderno duvida não apenas da instituição que denuncia, mas da doutrina pela qual ele a denuncia. Assim, ele escreve um livro reclamando que a opressão imperial insulta a pureza das mulheres, e depois escreve outro livro (sobre o problema do sexo) no qual insulta a si mesmo. Ele amaldiçoa o sultão porque as garotas cristãs perdem a virgindade, e a seguir amaldiçoa a sra. Grundy[43] porque elas a preservam. Como político, clamará que a guerra é um desperdício de vidas e então, como filósofo, que toda a vida é desperdício de tempo. Um pessimista russo denunciará um policial por matar um camponês e depois comprovará, pelos mais altos princípios filosóficos, que o camponês deveria ter-se matado. Um homem acusa o casamento de ser uma mentira e depois acusa os libertinos aristocráticos por tratar o casamento como mentira. Ele chama uma bandeira de coisa sem importância e depois culpa os opressores da Polônia ou da Irlanda por arrancarem essa coisa sem importância. O homem dessa escola vai primeiro a uma reunião política, onde reclama de os selvagens serem tratados como se fossem animais; então, pega o chapéu e o guarda-chuva e vai para uma reunião científica, em que prova que eles, na prática, são animais. Em suma, o revolucionário moderno, sendo um cético infinito, está sempre empenhado em minar as próprias minas. Em seu livro sobre política, ele ataca os homens por maltratarem a moralidade; em seu livro sobre ética, ele ataca a moralidade por

43 Personagem inglês fictício que representa a pessoa marcada por convenções melindrosas ou pudicas na conduta pessoal, normalmente em resposta à opinião dos outros. (N.T.)

maltratar os homens. Portanto, o homem moderno em revolta tornou-se, na prática, inútil para todos os propósitos de revolta. Ao se rebelar contra tudo, ele perdeu o direito de se rebelar contra qualquer coisa.

Pode-se acrescentar que os mesmos vácuo e falência podem ser observados em todos os tipos ferozes e terríveis de literatura, especialmente na sátira. A sátira pode ser louca e anárquica, mas pressupõe uma superioridade admitida em certas coisas em detrimento de outras; ela pressupõe um padrão. Quando garotinhos na rua riem da gordura de algum jornalista ilustre, eles estão inconscientemente assumindo um padrão de escultura grega. Eles estão apelando para o Apolo de mármore. E o curioso desaparecimento da sátira de nossa literatura é um exemplo de coisas ferozes que se desvanecem por falta de qualquer princípio que seja feroz. Nietzsche tinha um talento natural para o sarcasmo: ele podia zombar, embora não conseguisse rir; mas há sempre algo incorpóreo e sem peso em sua sátira, simplesmente porque ela não tem nenhuma quantidade de moralidade comum por trás dela. Ele mesmo é mais absurdo do que qualquer coisa que denuncia. Mas, na verdade, Nietzsche ficará muito bem como exemplo de todo esse fracasso da violência abstrata. O amolecimento do cérebro que, por fim, o atingiu não foi um acidente físico. Se Nietzsche não tivesse terminado na imbecilidade, o nietzschismo acabaria em imbecilidade. Pensar isoladamente e com orgulho faz com que se acabe sendo um idiota. Todo homem que não tiver o coração amolecido terá, por fim, o cérebro amolecido.

Essa última tentativa de evitar o intelectualismo termina no intelectualismo e, portanto, na morte. A investida falhou. O culto selvagem da ilegalidade e a adoração materialista da lei terminam no mesmo vazio. Nietzsche escala montanhas impressionantes, mas termina por chegar no Tibete. Ele se senta ao lado de Tolstói[44] na terra do nada e no Nirvana. Ambos estão desamparados; um porque

44 Liev (Leon ou Leão) Nikoláievich Tolstói (1828-1910), escritor russo. Como resultado do que considerou uma experiência espiritual profunda nos anos 1870, tornou-se pacifista ferrenho. Depois de ler a obra de Schopenhauer (ver próxima nota), a quem considerava "o mais genial dos homens", passou a adotar a moral ascética. (N.T.)

não deve apegar-se a nada, e o outro porque não deve largar nada. A vontade tolstoiana é congelada por um instinto budista de que todas as ações especiais são más. Mas a vontade nietzschiana é igualmente congelada por seu entendimento de que todas as ações especiais são boas; pois, se todas as ações especiais são boas, nenhuma delas é especial. Eles estão na encruzilhada, e um odeia todas as estradas e o outro gosta de todas as estradas. O resultado é... bem, algumas coisas não são difíceis de calcular. Eles estão na encruzilhada.

Aqui termino (graças a Deus) a primeira e mais tediosa tarefa deste livro: a revisão imperfeita do pensamento recente. Depois disso, começo a esboçar uma visão de vida que pode não interessar a meu leitor, a qual, porém, de qualquer forma, interessa a mim. Diante de mim, ao concluir esta página, há uma pilha de livros modernos que tenho manuseado para esse propósito; uma pilha de engenhosidade, uma pilha de futilidade. Por ocasião de meu atual desinteresse, posso ver o inevitável desastre das filosofias de Schopenhauer[45], Tolstói, Nietzsche e Shaw, tão claramente quanto um inevitável acidente ferroviário poderia ser visto de um balão. Todos eles estão na estrada para o vazio do manicômio. Pois a loucura pode ser definida como o uso da atividade mental para alcançar o desamparo mental, e eles quase chegaram a isso. Aquele que pensa que é feito de vidro pensa na destruição do pensamento, pois o vidro não pode pensar. Portanto, quem quer rejeitar nada, deseja a destruição da vontade, pois a vontade não é apenas a escolha de algo, mas a rejeição de praticamente tudo. E, quando me viro e tropeço sobre os inteligentes, maravilhosos, enfadonhos e inúteis livros modernos, o título de um deles chama minha atenção. Chama-se *Jeanne d'Arc*, de Anatole France[46]. Eu apenas olhei para ele, mas um olhar foi o suficiente

---

45 Arthur Schopenhauer (1788-1860), filósofo alemão. Sua obra-prima é *O mundo como vontade e representação*, em que diz que a existência do mundo "depende, em qualquer momento, apenas de um fio único e delgadíssimo: a consciência em que aparece". (N.T.)

46 Jacques Anatole François Thibault (1844-1924), crítico literário e escritor francês, amigo de Émile Zola. Recebeu o Nobel de Literatura em 1921. (N.T.)

para me lembrar de *Vie de Jesus* [Vida de Jesus], de Renan[47]. Ele tem o mesmo estranho método do reverente cético. Ele desacredita histórias sobrenaturais que têm algum fundamento simplesmente por contar histórias naturais que não têm fundamento. Porque não podemos crer no que um santo fez, devemos fingir que sabemos exatamente o que ele sentia. Mas não menciono nenhum dos dois livros para criticá-los, e sim porque a combinação acidental dos nomes evocou duas imagens surpreendentes de sanidade que fizeram voar, estilhaçados, todos os livros à minha frente. Joana d'Arc não estava presa na encruzilhada, nem por rejeitar todos os caminhos, como Tolstói, nem por aceitar todos, como Nietzsche. Ela escolheu um caminho, e o percorreu como um raio. Joana, no entanto, quando pensei nela, tinha em si tudo o que era verdade em Tolstói ou em Nietzsche, tudo o que era tolerável em qualquer um deles. Pensei em tudo o que é nobre em Tolstói: o prazer em coisas simples, especialmente em piedade simples, as realidades da terra, a reverência pelos pobres, a dignidade das costas encurvadas. Joana d'Arc tinha tudo isso, e mais esta grande característica: suportou a pobreza e também a admirou; ao passo que Tolstói é apenas um típico aristocrata tentando descobrir o segredo da pobreza. E então pensei em tudo o que era corajoso e orgulhoso e patético no pobre Nietzsche e em seu motim contra o vazio e a timidez de nosso tempo. Pensei em seu clamor pelo equilíbrio extático do perigo, sua fome pela corrida dos grandes cavalos, seu clamor às armas. Bem, Joana d'Arc tinha tudo isso, e mais uma vez com esta diferença: ela não elogiou a luta, mas lutou. *Sabemos* que ela não temia um exército, enquanto Nietzsche, pelo que sabemos, temia uma vaca. Tolstói apenas exaltou o camponês; ela era a camponesa. Nietzsche apenas exaltou o guerreiro; ela era a guerreira. Ela venceu os dois em seus próprios ideais antagônicos: ela era mais gentil que um e mais violenta que o outro. No entanto, ela era uma pessoa perfeitamente prática que fez algo, enquanto eles eram

47 Joseph Ernest Renan (1823-1892), escritor, filósofo e teólogo francês. Após uma expedição arqueológica na Fenícia, concebeu a obra *Vida de Jesus*, na qual despe-o de qualquer caráter sobrenatural. (N.T.)

especuladores selvagens que não fizeram nada. Era impossível que não passasse por minha cabeça o pensamento de que ela e sua fé talvez tivessem algum segredo de unidade e utilidade morais que se perdeu. E com esse pensamento veio um maior, e a figura colossal do Mestre dela também atravessou o palco de meus pensamentos. A mesma dificuldade moderna que obscureceu o tema de Anatole France também obscureceu o de Ernest Renan. Renan também dividiu a compaixão de seu herói da belicosidade de seu herói. Renan até representou a justa ira sobre Jerusalém como mero colapso nervoso após as expectativas idílicas da Galileia[48]. Como se houvesse alguma inconsistência entre ter amor pela humanidade e ter ódio pela desumanidade! Os altruístas, com vozes apagadas e fracas, acusam Cristo de ser egoísta. Os egoístas (com vozes ainda mais apagadas e fracas) O acusam de ser altruísta. Em nossa atmosfera atual, tais cavilações são bastante compreensíveis. O amor de um herói é mais terrível que o ódio de um tirano. O ódio de um herói é mais generoso do que o amor de um filantropo. Há uma sanidade enorme e heroica da qual os modernos só podem recolher os fragmentos. Há um gigante de quem vemos apenas os braços pendentes e as pernas caminhando por aí. Eles rasgaram a alma de Cristo em tiras estúpidas, rotuladas de egoísmo e altruísmo, e estão igualmente intrigados com Sua insana magnificência e Sua insana mansidão. Eles dividiram as vestes Dele entre si e, sobre as vestes Dele, lançaram sortes, embora Sua túnica não tivesse costura de alto a baixo.

48 Referência a Lucas 19.41-44. (N.T.)

CAPÍTULO IV

A ÉTICA DA ELFOLÂNDIA

Quando o homem de negócios reprova o idealismo de seu *office boy*, é comum ouvir-se algo assim: "ah, sim, quando se é jovem, tem-se esses ideais abstratos e esses castelos no ar; mas na meia-idade eles se fragmentam como nuvens, e a pessoa cede à crença na política prática, ao uso do maquinário que tem e a continuar com o mundo como ele é". Era desse modo, pelo menos, que os anciãos veneráveis e filantrópicos, agora em seu honrado túmulo, costumavam falar comigo quando eu era menino. Mas eu cresci e descobri que esses velhos filantrópicos estavam mentindo. O que realmente aconteceu é exatamente o oposto do que eles disseram que aconteceria. Eles disseram que eu deveria abrir mão de meus ideais e começar a acreditar nos métodos dos políticos práticos. Mas não abri mão de meus ideais nem um pouco; minha fé nos fundamentos é exatamente o que sempre foi. Abri mão, isto sim, de minha antiga fé infantil na política prática. Estou ainda tão preocupado como sempre estive com a Batalha do Armagedom[49], mas não estou tão preocupado com as Eleições Gerais[50]. Quando

49 Segundo a Bíblia, Armagedom é o lugar em que se reunirão, por influência de espíritos de demônios, os exércitos dos reis da Terra para atacar Jerusalém, evento que antecederá o retorno de Jesus Cristo. (N.T.)

50 Eleições de membros para Câmara dos Comuns do Reino Unido, similar à Câmara dos Deputados no Brasil. (N.T.)

bebê, eu pulava no colo de minha mãe com a simples menção a isso. Não; a visão é sempre sólida e confiável. A visão é sempre um fato. A realidade, sim, é que muitas vezes é uma fraude. Tanto quanto já fiz, mais do que já fiz, acredito no liberalismo. Contudo, houve um momento de alegre inocência em que acreditei nos liberais.

Tomo esse exemplo de uma de minhas crenças duradouras porque, tendo agora de delinear as raízes de minha especulação pessoal, isso pode ser considerado, penso eu, como o único viés positivo. Fui criado como liberal e sempre acreditei na democracia, na doutrina liberal elementar de uma humanidade autogovernada. Se alguém considerar essa frase vaga ou trivial, posso apenas deter-me por um momento para explicar que o princípio da democracia, no sentido que lhe dou, pode ser expresso em duas proposições. A primeira é esta: que as coisas comuns a todos os homens são mais importantes do que as coisas peculiares a qualquer homem. Coisas comuns são mais valiosas que coisas extraordinárias; mais do que isso, elas são mais extraordinárias. O homem é algo mais terrível e impressionante que os homens, algo mais estranho. A sensação do milagre que é a própria humanidade deve ser sempre mais vívida para nós do que qualquer maravilha de poder, intelecto, arte ou civilização. O mero homem com duas pernas, como tal, deve ser sentido como algo mais tocante do que qualquer música e mais surpreendente do que qualquer caricatura. A morte é mais trágica do que a morte por inanição. Ter um nariz é mais cômico até do que ter um nariz normando[51].

Este é o primeiro princípio da democracia: as coisas essenciais nos homens são as coisas que eles têm em comum, não as que eles têm separadamente. E o segundo princípio é meramente este: que o instinto ou desejo político é uma dessas coisas que eles têm em comum. Apaixonar-se é mais poético do que mergulhar na poesia. A

---

51 *Norman nose*, em inglês. Chesterton pode ter em mente o estilo normando de arquitetura, que foi usado na Inglaterra até o séc. XII, caracterizado por grandes arcos (portanto, um nariz grande, com grandes narinas), bem como Norman III, um cavalo de corrida puro-sangue de sua época famoso pela carreira irregular. (N.T.)

disputa democrática é que o governo (ajudando a governar a tribo) é algo como se apaixonar, e não algo como mergulhar na poesia. Não é algo análogo a tocar o órgão da igreja, pintar em velino, descobrir o Polo Norte (aquele hábito insidioso), "dar um laço no laço", ser o Astrônomo Real[52] e assim por diante. Para essas coisas, preferimos que um homem não faça nada a não fazê-las bem-feitas. Elas são, pelo contrário, algo análogo a escrever as próprias cartas de amor ou a assoar o próprio nariz. Essas coisas queremos que um homem as faça por si mesmo, mesmo que ele as faça mal.

Não estou aqui argumentando a verdade de nenhuma dessas concepções. Sei que alguns modernos estão pedindo para que os cientistas lhes escolham a esposa, e em breve eles estarão pedindo, pelo que sei, que enfermeiras assoem o nariz deles. Eu simplesmente digo que a humanidade reconhece essas funções humanas universais e que a democracia coloca o governo como uma delas. Em suma, a fé democrática é esta: que as coisas mais terrivelmente importantes devem ser deixadas para os homens comuns, o acasalamento dos sexos, a criação dos jovens, as leis do Estado. Isso é democracia, e nisso eu sempre acreditei.

Mas há uma coisa que eu nunca, desde a juventude, fui capaz de compreender. Nunca fui capaz de entender de onde as pessoas tiraram a ideia de que a democracia era, de alguma forma, oposta à tradição. É óbvio que tradição é apenas democracia estendida ao longo do tempo. É a confiança em um consenso de vozes humanas comuns, e não em algum registro isolado ou arbitrário. O homem que cita algum historiador alemão contra a tradição da Igreja Católica, por exemplo, é estritamente atraente para a aristocracia. Ele está apelando para a superioridade de um especialista contra a terrível autoridade de uma multidão.

52 Título concedido pela rainha da Inglaterra como honra a um astrônomo eminente. O rei Carlos II criou o cargo em 1675, por ocasião da fundação do Observatório Real de Greenwich. O objetivo era aperfeiçoar a arte da navegação por meio da mais precisa localização dos astros. (N.T.)

É muito fácil entender por que uma lenda é tratada, e deve ser tratada, com mais respeito do que um livro de história. A lenda é geralmente feita pela maioria das pessoas da aldeia, que são sãs. O livro é geralmente escrito por um homem da aldeia que é louco. Aqueles que protestam contra a tradição alegando que os homens no passado eram ignorantes podem ir e argumentar contra isso no Carlton Club[53], junto com a afirmação de que os eleitores dos cortiços são ignorantes. Isso nada fará por nós. Se atribuímos grande importância à opinião dos homens comuns com grande unanimidade ao lidar com questões cotidianas, não há razão para que a desconsideremos ao lidar com história ou fábula.

Tradição pode ser definida como uma extensão da cidadania. Tradição significa dar votos à mais obscura de todas as classes: nossos ancestrais. É a democracia dos mortos. A tradição se recusa a submeter-se à pequena e arrogante oligarquia daqueles que meramente estão andando por aí. Todos os democratas contestam que os homens devem ser desqualificados pelo acidente de terem nascido; a tradição contesta sua desqualificação pelo acidente de terem morrido. A democracia nos diz para não negligenciar a opinião de um bom homem, mesmo que ele seja nosso criado; a tradição nos pede para não negligenciar a opinião de um bom homem, mesmo que ele seja nosso pai. Eu, pelo menos, não posso separar as ideias de democracia e de tradição; parece-me evidente que são uma única ideia. Nós teremos os mortos em nossos conselhos. Os antigos gregos votavam por meio de pedras; estes votarão por meio de lápides. É tudo bastante regular e oficial, pois a maioria das lápides, como a maioria das cédulas eleitorais, está marcada com uma cruz.

Tenho de dizer primeiro, portanto, que, se tenho um viés, sempre foi um viés em favor da democracia e, portanto, da tradição. Antes de chegarmos a qualquer princípio teórico ou lógico, estou contente em

53 Fundado em 1832 com o objetivo de organizar o Partido Conservador, o clube, que mantém os valores conservadores, só aceita novos membros por indicação de dois outros membros. Tradicionalmente, apenas homens podem ser membros plenos; dos anos 1970 em diante, mulheres foram admitidas como membros associados, sem direito a voto. (N.T.)

reconhecer esta equação pessoal: sempre fui mais inclinado a acreditar na plebe das pessoas trabalhadoras do que a acreditar naquela classe literária especial e incômoda à qual pertenço. Prefiro mesmo as fantasias e os preconceitos das pessoas que veem a vida do lado de dentro às mais claras manifestações das pessoas que veem a vida do lado de fora. Sempre confiarei nas fábulas das velhas senhoras casadas contra os fatos das velhas solteironas. Enquanto a imaginação for uma imaginação materna, ela pode ser tão selvagem e fantástica quanto lhe agrade.

Pois bem, tenho de montar uma posição geral, e não finjo ter treinamento nisso. Proponho fazê-lo, portanto, escrevendo, uma após a outra, as três ou quatro ideias fundamentais que encontrei por mim mesmo, praticamente da maneira que as encontrei. Assim, vou sintetizá-las grosseiramente, sumarizando minha filosofia pessoal ou religião natural; depois, descreverei minha surpreendente descoberta de que a coisa toda havia sido descoberta antes. Fora descoberta pelo cristianismo. Mas, dessas profundas convicções que tenho de contar em ordem, a mais antiga estava relacionada com esse elemento da tradição popular. E, sem a explanação anterior, tratando de tradição e democracia, eu dificilmente poderia esclarecer minha experiência mental. Não sei ainda se a poderei deixar clara, mas agora me proponho a tentar.

Minha primeira e última filosofia, aquela em que acredito com certeza ininterrupta, aprendi-a no berçário. Eu a aprendi, de modo geral, com uma babá; isto é, com a solene sacerdotisa, tanto da democracia quanto da tradição, indicada pelas estrelas. As coisas em que mais acreditei, as coisas em que mais acredito, são as coisas chamadas de contos de fadas. Eles me parecem ser as coisas inteiramente razoáveis. Eles não são fantasias: comparados com eles, outras coisas são fantásticas. Em comparação com eles, religião e racionalismo são ambos anormais, embora a religião seja anormalmente correta e o racionalismo, anormalmente errado. Fadalândia não é nada além do país ensolarado do senso comum. Não é a terra que julga o céu, mas o céu que julga a terra; então, pelo menos para mim, não foi a terra que criticou a elfolândia, mas a elfolândia que criticou a terra. Eu conheci o pé de feijão mágico antes de haver experimentado feijão. Tinha certeza do Homem na Lua antes de ter certeza da lua. Isso se identifica com toda a tradição popular. Os poetas menores modernos são naturalistas e falam sobre o mato ou o riacho, mas os cantores dos antigos épicos e fábulas eram sobrenaturalistas e falavam sobre os deuses do riacho e do mato. É isso que os modernos querem dizer ao mencionar que os antigos não "apreciavam a natureza", porque diziam que a natureza era divina. As antigas babás não falavam às crianças sobre a grama, mas sobre as fadas que dançam na grama; e os antigos gregos não conseguiam ver as árvores por causa das dríades[54].

Mas eu trato aqui com o fato de que ética e filosofia vêm sendo alimentadas com contos de fadas. Se eu os fosse descrever em detalhes, poderia notar muitos princípios nobres e saudáveis que surgem deles. Há a lição cavalheiresca de "Jack, o matador de gigantes": gigantes devem ser mortos porque são gigantescos. É um motim viril contra o orgulho em sua essência. Pois o rebelde é mais antigo que todos os reinos, e o jacobino tem mais tradição que o jacobita[55]. Há a lição de "Cinderela", que é a mesma do Magnificat: "*Exaltavit humiles*"[56]. Há a grande lição de "A bela e a fera": uma coisa deve ser amada *antes* de ser amável. Há a terrível alegoria da "Bela adormecida", que conta como a criatura humana foi abençoada com todos os dons no dia do nascimento, mas amaldiçoada com a morte; e como a morte também pode ser amenizada para um sono.

Não me preocupo, porém, com nenhum dos distintos estatutos da elfolândia, mas com o espírito de sua lei como um todo, o qual aprendi antes de poder falar e reterei até quando não puder mais escrever.

54 Ninfas das árvores, principalmente dos carvalhos, na mitologia greco-romana. (N.T.)

55 Referente ao jacobitismo, movimento dos sécs. XVII e XVIII que buscava a restauração do reinado dos Stuarts na Inglaterra e na Escócia. (N.T.)

56 *Magnificat* é o título latim dado ao cântico que Maria entoou quando de sua visita a Isabel (Lc 1.39-55). A expressão latina citada por Chesterton está no v. 52 e significa "elevou, exaltou os humildes". (N.T.)

Preocupo-me com certa maneira de encarar a vida, que foi criada em mim pelos contos de fadas, mas desde então tem sido humildemente ratificada pelos simples fatos.

Pode ser dito da seguinte maneira. Há certas sequências ou desenvolvimentos (casos de uma coisa seguir outra) que são, no verdadeiro sentido da palavra, razoáveis. Eles são, no verdadeiro sentido da palavra, necessários. São sequências matemáticas e meramente lógicas. Nós, no país das fadas (que são as mais razoáveis de todas as criaturas), admitimos essa razão e essa necessidade. Por exemplo: se as irmãs feias são mais velhas que Cinderela, é (em um sentido cruel e horrível) *necessário* que Cinderela seja mais nova que as irmãs feias. Não há como escapar disso. Haeckel pode falar sobre fatalismo a respeito desse fato tanto quanto lhe agrade: o fato realmente deve ser fatal. Se Jack é o filho de um moleiro, um moleiro é o pai de Jack. A razão fria decretou isso de seu terrível trono, e nós, no reino das fadas, nos submetemos. Se os três irmãos cavalgam, há seis animais e dezoito pernas envolvidas: isso é verdadeiro racionalismo, e o reino das fadas está cheio disso. Mas, quando espichei a cabeça sobre a cerca dos elfos e comecei a perceber o mundo natural, observei uma coisa extraordinária. Observei que os homens instruídos de óculos falavam das coisas reais que aconteciam (o amanhecer, a morte e assim por diante) como se *elas* fossem racionais e inevitáveis. Eles conversavam como se o fato de as árvores darem frutos fosse tão *necessário* quanto o fato de duas árvores mais uma serem três árvores. Mas não é. Há uma enorme diferença, de acordo com o teste da fadalândia, que é o teste da imaginação. Você não pode *imaginar* dois mais um não sendo três. Mas você pode facilmente imaginar árvores que não dão frutos; você pode imaginá-las dando castiçais de ouro ou tigres pendurados pela cauda.

Esses homens de óculos falavam muito de um homem chamado Newton, que foi atingido por uma maçã e descobriu uma lei. Mas eles não podiam ser levados a ver a distinção entre uma lei verdadeira, uma lei da razão, e o simples fato de maçãs caírem. Se a maçã bateu no nariz de Newton, o nariz de Newton bateu na maçã. Essa é uma necessidade verdadeira, pois não podemos conceber que uma ocorra sem a outra. Todavia, podemos muito bem conceber que a maçã não caia no nariz dele; podemos imaginá-la voando com ardor pelo ar a fim de bater em algum outro nariz, pelo qual tinha uma antipatia mais definida. Nos contos de fadas, sempre mantivemos essa nítida distinção entre a ciência das relações mentais, na qual realmente há leis, e a ciência dos fatos físicos, em que não há leis, mas apenas estranhas repetições. Acreditamos em milagres corporais, mas não em impossibilidades mentais. Acreditamos que um pé de feijão subiu ao céu, mas isso não confunde nossas convicções sobre a questão filosófica a respeito de quantos são cinco grãos.

Aqui está a peculiar perfeição de elegância e verdade nos contos do berçário. O homem da ciência diz: "corte o talo e a maçã cairá"; mas ele diz isso com calma, como se a primeira ideia realmente levasse à outra. A bruxa do conto de fadas diz: "sopre a trombeta e o castelo do ogro cairá"; mas ela não diz isso como se fosse algo em que o efeito obviamente surgiu da causa. Sem dúvida, ela deu o conselho a muitos campeões e viu muitos castelos caírem, mas ela não perde o deslumbramento ou a razão. Ela não fica com a cabeça confusa até imaginar uma conexão mental necessária entre uma trombeta e uma torre caindo. Mas os homens científicos levam a cabeça à confusão até imaginarem uma conexão mental necessária entre uma maçã se desprendendo da árvore e uma maçã alcançando o chão. Eles falam como se realmente tivessem encontrado não apenas um conjunto de fatos maravilhosos, mas uma verdade conectando esses fatos. Eles falam como se a conexão de duas coisas estranhas as conectassem filosoficamente. Eles sentem que, porque uma coisa incompreensível segue constantemente outra coisa incompreensível, as duas juntas de alguma forma produzem uma coisa compreensível. Dois enigmas obscuros produzem uma resposta cristalina.

Na fadalândia, evitamos a palavra "lei", mas na terra da ciência eles são singularmente apaixonados por ela. Assim, eles vão chamar algumas conjecturas interessantes sobre como povos esquecidos pronunciavam o alfabeto de Lei de Grimm[57]. Mas a Lei de Grimm é muito menos intelectual do que os contos de fadas de Grimm. Os contos são, em alguma medida, certamente contos, enquanto a lei não é uma lei. Uma lei implica que conhecemos a natureza da generalização e da promulgação, não apenas que tenhamos notado alguns dos efeitos. Se existe uma lei segundo a qual os batedores de carteira vão para a prisão, isso implica que existe uma conexão mental imaginável entre a ideia de prisão e a ideia de bater carteiras. E nós sabemos que ideia é essa. Nós podemos dizer por que tomamos a liberdade de um homem que toma liberdades. Mas não podemos dizer por que um ovo pode se transformar em uma galinha tanto quanto não podemos dizer por que um urso poderia se transformar em um príncipe das fadas. Como *ideias*, o ovo e a galinha estão mais distantes um do outro do que o urso e o príncipe, porque nenhum ovo em si sugere uma galinha, enquanto alguns príncipes sugerem ursos. Tomando por certo, então, que certas transformações acontecem, é essencial que as consideremos da maneira filosófica dos contos de fadas, não da maneira não filosófica da ciência e das "Leis da Natureza". Quando nos perguntam por que ovos se transformam em pássaros ou frutas caem no outono, devemos responder exatamente como a fada madrinha responderia se Cinderela perguntasse por que os ratos se tornavam cavalos ou por que suas roupas de princesa sumiriam à meia-noite. Devemos responder que é *magia*. Não é uma "lei", pois não entendemos sua fórmula geral. Não é uma necessidade, pois, embora possamos contar que isso aconteça na prática, não temos o direito de dizer que isso sempre deverá acontecer. Não é argumento para uma lei inalterável (como Huxley imaginou) que contemos com o curso normal das coisas. Nós não contamos com isso, nós apostamos nisso. Nós riscamos a remota possibilidade de um milagre, como fazemos

57 Formulada pelo linguista alemão Jacob Grimm (1785–1863), descreve a transformação ocorrida no sistema de consoantes do protoindo-europeu na passagem para o germânico comum. Com o irmão Wilhelm (1786-1859), também linguista e poeta, escreveu os famosos *Contos de Grimm*. (N.T.)

com uma panqueca envenenada ou com um cometa que vai destruir o mundo. Excluímos isso de nossas considerações, não porque seja um milagre e, portanto, uma impossibilidade, mas porque é um milagre e, portanto, uma exceção. Todos os termos usados nos livros de ciência, como "lei", "necessidade", "ordem", "tendência" e outros assim, são realmente não intelectuais, pois eles pressupõem uma síntese interna, que não possuímos. As únicas palavras que me satisfizeram ao descrever a natureza são os termos usados nos livros de fadas: "encanto", "feitiço", "magia". Eles expressam a arbitrariedade do fato e seu mistério. Uma árvore dá frutos porque é uma árvore *mágica*. A água corre para baixo porque está enfeitiçada. O sol brilha porque está enfeitiçado.

Nego totalmente que isso seja fantástico ou mesmo místico. Podemos ver um pouco sobre misticismo mais tarde; mas essa linguagem de conto de fadas a respeito das coisas é simplesmente racional e agnóstica. É a única maneira de expressar em palavras minha clara e definida percepção de que uma coisa é bem diferente de outra, de que não há conexão lógica entre voar e pôr ovos. É o homem que fala de "uma lei" que nunca viu quem é o místico. Nao, o homem científico comum é estritamente um sentimentalista. Ele é um sentimentalista nesse sentido essencial, que está impregnado e é levado de roldão por meras associações. Ele tem visto tantas vezes pássaros voarem e botarem ovos que sente que deve haver alguma conexão deleitosa e tenra entre as duas ideias, embora não haja nenhuma. Um amante desolado pode ser incapaz de dissociar a Lua do amor que ele perdeu; do mesmo modo, o materialista é incapaz de dissociar a Lua da maré. Em ambos os casos, não há conexão, exceto que alguém viu ambos os fatos juntos. Um sentimentalista pode derramar lágrimas ao sentir o aroma de flor de macieira, porque, por uma associação obscura pessoal, lembrou-se da infância. Assim, o professor materialista (embora esconda as lágrimas) é ainda um sentimentalista, porque, por uma associação obscura pessoal, flores de maçã lembram-no de maçãs. Mas o racionalista frio da fadalândia não entende por que, de forma geral, a macieira não pode produzir tulipas carmesim; isso às vezes ocorre em seu país.

Esse maravilhamento elementar, no entanto, não é mera fantasia derivada dos contos de fadas; pelo contrário, toda a emoção dos contos de fadas é derivada disso. Assim como todos gostamos de histórias de amor porque existe um instinto sexual, todos gostamos de contos assombrosos porque eles tocam o ponto nevrálgico do antigo instinto de assombro. Isso é provado pelo fato de que, quando somos crianças muito pequenas, não precisamos de contos de fadas, precisamos apenas de contos. A vida comum já é interessante o suficiente. Uma criança de sete anos fica empolgada ao saber que Tommy abriu a porta e viu um dragão. Mas uma criança de três anos fica empolgada ao saber que Tommy abriu a porta. Garotos gostam de contos românticos, mas os bebês gostam de contos realistas, porque eles os consideram românticos. De fato, um bebê é a única pessoa, imagino, a quem um romance moderno e realista poderia ser lido sem aborrecê-la. Isso prova que mesmo os contos infantis somente ecoam um crescendo quase pré-natal de interesse e surpresa. Esses contos dizem que as maçãs eram douradas apenas para renovar a sensação do momento esquecido em que descobrimos que eram verdes. Eles fazem os rios terem correntes de vinho apenas para nos lembrar, por um impensado momento, que têm correntes de água.

Eu disse que isso é totalmente razoável e até mesmo agnóstico. E, de fato, neste ponto eu me inclino totalmente para o agnosticismo mais elevado; seu melhor nome é Ignorância. Todos nós lemos em livros científicos e, de fato, em todos os romances, a história do homem que esqueceu seu nome. Esse homem perambula pelas ruas e pode ver e apreciar tudo; só não consegue se lembrar de quem é. Bem, todos os homens são como esse homem na história. Todo homem esqueceu quem ele é. Pode-se entender o cosmos, mas nunca o ego; o eu é mais distante que qualquer estrela. "Amarás o Senhor, teu Deus; mas tu não conhecerás a ti mesmo." Estamos todos sob a mesma calamidade mental: todos nós esquecemos o próprio nome. Todos nós esquecemos o que realmente somos. Tudo o que chamamos de senso comum e de racionalidade e de atitude prática e de positivismo significa apenas que, para certos níveis inoperantes de nossa vida, esquecemos que nos esquecemos. Tudo o que chamamos de espírito e de arte e de êxtase significa apenas que, por um impressionante instante, lembramos de que nos esquecemos.

Mas, embora (como o homem sem memória no romance) andemos pelas ruas com uma espécie de admiração estúpida, ainda assim é admiração. É admiração em claro português e não apenas admiração em latim. O maravilhamento tem um elemento positivo de louvor. Esse é o próximo marco a ser definitivamente estabelecido em nossa estrada através da fadalândia. Vou falar no próximo capítulo sobre otimistas e pessimistas em seu aspecto intelectual, considerando que eles tenham um. Aqui estou apenas tentando descrever as enormes emoções que não podem ser descritas. E a emoção mais forte era que a vida era tão preciosa quanto intrigante. Era um êxtase porque era uma aventura; era uma aventura porque era uma oportunidade.

A bondade encontrada no conto de fadas não era afetada pelo fato de que poderia haver mais dragões do que princesas; era bom estar em um conto de fadas. O teste de toda felicidade é a gratidão; e eu me sentia grato, embora mal soubesse a quem. As crianças são gratas quando Papai Noel coloca brinquedos ou doces em suas meias como presente. Eu não poderia ser grato ao Papai Noel por ele ter colocado em minhas meias o presente de duas pernas milagrosas? Agradecemos às pessoas por nos darem charutos e chinelos como presente de aniversário. Não posso agradecer a alguém pelo presente de aniversário de ter nascido?

Havia, então, esses dois primeiros sentimentos, indefensáveis e indiscutíveis. O mundo era um choque, mas não era apenas chocante; a existência era uma surpresa, mas era uma surpresa agradável. De fato, todas as minhas primeiras opiniões foram expressas com exatidão em um enigma que ficou preso em meu cérebro desde a infância. A pergunta era: "o que o primeiro sapo disse?". E a resposta era: "senhor, como Tu me fazes pular!". Isso diz de modo sucinto tudo o que estou dizendo. Deus fez o sapo pular, mas o sapo prefere pular.

Contudo, quando essas coisas estão resolvidas, entra o segundo grande princípio da filosofia das fadas.

Qualquer um pode vê-lo simplesmente por ler *Contos de fada de Grimm* ou as belas coleções do sr. Andrew Lang[58]. Pelo prazer do pedantismo, eu o chamarei de a Doutrina da Alegria Condicional. Touchstone[59] falou de muita virtude em um "se"; de acordo com a ética élfica, toda a virtude está em um "se". A marca da declaração da fada sempre é: "você pode viver em um palácio de ouro e safira *se* não disser a palavra 'vaca'"; ou: "você pode viver feliz com a filha do rei *se* não mostrar uma cebola para ela". A coisa almejada está sempre ligada a um veto. Todas as coisas atordoantes e colossais concedidas dependem de uma pequena coisa negada. Todas as coisas loucas e atordoantes que são liberadas dependem de uma coisa que é proibida. O sr. W. B. Yeats[60], em sua requintada e penetrante poesia élfica, descreve os elfos como sem lei; eles mergulham em anarquia inocente nos cavalos desenfreados do ar.

"Cavalguem na crista da maré desgrenhada
E dancem nas montanhas como uma labareda."

É uma coisa terrível dizer que o sr. W. B. Yeats não entende a fadalândia. Mas eu digo isso. Ele é um irlandês irônico, cheio de reações intelectuais. Ele não é estúpido o suficiente para entender a fadalândia. Fadas preferem pessoas do tipo caipira como eu; pessoas que olham de boca aberta e sorriem de modo malicioso e fazem o que lhes é

58 Andrew Lang (1844–1912), historiador, crítico literário e tradutor, produziu versões de *Mil e uma noites*, *Ilíada* e *Odisseia* e adaptou muitos contos de fadas. Reuniu mais de 400 contos de diversos países e culturas na obra *Livros coloridos das fadas de Lang*. (N.T.)

59 Possível referência ao personagem de Shakespeare da peça *Como quiserem*. Na versão em português, ele é chamado de Toque: é o bobo da corte que tenta mostrar inteligência por meio de comentários sábios. (N.T.)

60 William Butler Yeats (1865-1939), poeta simbolista, dramaturgo e místico irlandês, ganhador do Nobel de Literatura de 1923. Usava as palavras de modo que, além do significado particular, sugerissem também pensamentos abstratos, simbólicos, imateriais. (N.T.)

dito. O sr. Yeats lê na elfolândia toda a justa insurreição de sua própria raça. Mas a ilegalidade da Irlanda é uma ilegalidade cristã, fundada na razão e na justiça. O feniano[61] está se rebelando contra algo que ele entende muito bem, mas o verdadeiro cidadão da fadalândia está obedecendo a algo que ele não entende de maneira alguma. No conto de fadas, uma felicidade incompreensível tem por base uma condição incompreensível. Uma caixa é aberta, e todos os males se espalham. Uma palavra é esquecida, e as cidades perecem. Uma lâmpada é acesa, e o amor se espalha pelo ar. Uma flor é arrancada, e vidas humanas se perdem. Uma maçã é comida, e a esperança de Deus se vai.

Essa é a nota marcante dos contos de fadas, e certamente não a ilegalidade ou mesmo a liberdade, embora os homens sob uma tirania moderna possam, por comparação, pensar que deveria ser liberdade. Pessoas da Cadeia de Portland podem achar a Fleet Street[62] livre, mas um estudo mais aprofundado irá provar que tanto as fadas como os jornalistas são os escravos do dever. As fadas madrinhas parecem pelo menos tão rígidas quanto outras madrinhas. Cinderela recebeu uma carruagem vinda do País das Maravilhas e um cocheiro vindo do nada, mas recebeu uma ordem, que poderia ter saído de Brixton[63], de que ela deveria estar de volta à meia-noite. Além disso, ela tinha um sapatinho de cristal; e não pode ser coincidência que o vidro seja uma substância tão comum no folclore. Esta princesa mora em um castelo de vidro, aquela princesa, em uma colina de vidro; esta outra vê todas as coisas em um espelho; todas elas podem viver em casas de vidro se não lhes jogarem pedras. Pois esse tênue brilho de vidro em toda

61 Partidário do movimento político surgido no séc. XIX que defendia o estabelecimento de uma república irlandesa independente do governo inglês. (N.T.)

62 A Cadeia de Portland é uma instituição prisional na ilha de mesmo nome, em Dorset, na Inglaterra, aberta em 1848. A Fleet Street é uma rua de Londres, existente desde o tempo dos romanos, na qual se concentrou, até os anos 1980, a grande maioria dos jornais londrinos e das gráficas que os imprimiam. O nome é usado até hoje como referência a jornalismo. (N.T.)

63 À época de Chesterton, era um distrito de classe média (e milenar, remontando ao tempo dos romanos) no sul de Londres. Começou a ser efetivamente povoado no início do séc. XIX. Recebeu a primeira rua iluminada por luz elétrica de Londres. (N.T.)

parte é a expressão do fato de que a felicidade é brilhante, mas frágil, como a substância mais facilmente esmagada por uma criada ou um gato. E esse sentimento de conto de fadas também penetrou em mim e se tornou meu sentimento em relação ao mundo inteiro. Eu sentia e sinto que a própria vida é tão brilhante quanto o diamante, mas tão frágil quanto a vidraça; e, quando os céus foram comparados ao terrível cristal, lembro-me de um arrepio. Eu temia que Deus deixasse o cosmo cair e ele se despedaçasse.

Lembre-se, no entanto, de que ser frágil não é o mesmo que ser perecível. Bata em um copo, e ele não durará um instante; simplesmente não bata nele, e durará mil anos. Assim, parecia, era a alegria do homem, seja na elfolândia, seja na terra: a felicidade dependia de *não fazer algo* que você pudesse fazer a qualquer momento e que, muitas vezes, não era óbvio por que não deveria fazer. Ora, a questão aqui é que para *mim* isso não parecia injusto. Se o terceiro filho do moleiro dissesse à fada: "explique por que não devo plantar bananeira no palácio das fadas", o outro poderia responder, de maneira justa: "bem, se é esse o caso, explique o palácio das fadas". Se Cinderela diz: "como é que eu vou sair da abóbora à meia-noite?", sua madrinha poderia responder: "como é que você vai estar nela até a meia-noite?". Se, em meu testamento, eu deixar para um homem dez elefantes falantes e cem cavalos alados, ele não poderá reclamar se as condições compartilharem da ligeira excentricidade do presente. A um cavalo alado não se deve olhar os dentes. E pareceu-me que a existência era em si um legado tão excêntrico que eu não podia me queixar de não entender as limitações da visão quando não entendia a visão que elas limitavam. O quadro não era mais estranho que a foto. O veto poderia ser tão louco quanto a visão; poderia ser tão surpreendente quanto o sol, tão elusivo quanto as águas, tão fantástico e terrível quanto as imponentes árvores.

Por essa razão (podemos chamá-la de filosofia da fada madrinha), nunca consegui me identificar com os jovens de minha época em sentir o que eles chamavam de sentimento geral de *revolta*. Eu deveria ter resistido, era o que se esperava, a quaisquer regras que fossem más, e com elas e suas definições devo lidar em outro capítulo. Mas não me sentia disposto a resistir a qualquer regra meramente porque era misteriosa. As propriedades são, por vezes, mantidas por formas tolas, pela quebra de um pedaço de pau ou pelo pagamento de um grão de pimenta: eu estava disposto a manter a enorme propriedade da terra e do céu por meio de qualquer fantasia feudal. Nada poderia ser mais extraordinário do que o fato de eu poder mantê-la. Nesse estágio, dou apenas um exemplo ético para mostrar o que quero dizer.

Eu nunca poderia me misturar ao murmúrio comum daquela nova geração contra a monogamia, porque nenhuma restrição ao sexo parecia tão estranha e inesperada quanto o próprio sexo. Ser permitido, como a Endimião[64], fazer amor com a Lua e depois reclamar que Júpiter mantinha suas próprias luas em um harém parecia-me (alimentado, como fui, por contos de fadas como o de Endimião) um anticlímax vulgar. Limitar-se a uma mulher é um preço pequeno em comparação com encontrar-se com uma mulher. Reclamar que eu só podia casar uma vez era como reclamar que eu havia nascido apenas uma vez. Era desproporcional essa queixa com a impressionante emoção de que se estava falando. Mostrava não uma sensibilidade exagerada ao sexo, mas uma curiosa insensibilidade a ele. Um homem é um tolo que reclama que não pode entrar no Éden por cinco portões ao mesmo tempo. A poligamia é uma falta de realização no sexo; é como um homem arrancando cinco peras por mera distração. Os estetas tocaram os últimos limites insanos da linguagem em seus louvores a coisas encantadoras. O espinheiro os fazia chorar; um besouro refulgente os colocava de joelhos. No entanto, a emoção deles nunca me impressionou por um instante sequer, por este motivo: nunca lhes ocorreu pagar por seu prazer qualquer tipo de sacrifício simbólico. Os

64 Personagem da mitologia grega que escolheu dormir para sempre, a fim de permanecer jovem e imortal. Selene (personificação da Lua) apaixonou-se por ele e veio visitá-lo a cada noite de seu sono. Disso, nasceram-lhes cinquenta filhas. É também nome de um longo poema de John Keats (1795–1821), poeta romântico inglês, em que narra o mito. (N.T.)

homens (eu senti) poderiam jejuar quarenta dias para ouvir um melro cantando. Os homens poderiam passar pelo fogo para encontrar uma prímula silvestre. No entanto, esses amantes da beleza não podiam nem se manter sóbrios por causa do melro. Eles não aceitariam o casamento cristão comum como recompensa pela prímula. Certamente, alguém poderia pagar por uma alegria extraordinária na moral comum. Oscar Wilde[65] disse que o pôr do sol não era valorizado porque não podíamos pagar pelo pôr do sol. Mas ele estava errado; podemos pagar pelo pôr do sol. Podemos pagar por ele não sendo Oscar Wilde.

Bem, abandonei os contos de fadas no chão da creche, e não encontrei quaisquer livros tão sensatos desde então. Deixei a babá guardiã da tradição e da democracia e não encontrei nenhum tipo moderno tão saudavelmente radical ou tão saudavelmente conservador. Mas o assunto para um comentário importante é este: quando saí pela primeira vez para a atmosfera mental do mundo moderno, descobri que o mundo moderno se opunha positivamente em dois pontos à minha babá e aos contos do berçário. Demorei muito tempo para descobrir que o mundo moderno está errado e minha babá estava certa. O que era realmente curioso era isto: o pensamento moderno contradizia esse credo básico de minha infância em suas duas doutrinas mais essenciais. Expliquei que os contos de fadas fundamentaram em mim duas convicções: primeira, que este mundo é um lugar extraordinário e surpreendente, que poderia ter sido bem diferente, mas, ainda assim, é bastante agradável; segunda, que, diante desse caráter extraordinário e agradável, deve-se ser modesto e submeter-se às mais estranhas limitações de uma gentileza tão estranha. Mas encontrei o mundo moderno correndo como uma maré alta contra essas minhas duas afeições; e o choque dessa colisão criou dois sentimentos repentinos e espontâneos, que tenho desde então e, por mais grosseiros que sejam, desde então solidificaram-se em convicções.

O primeiro é que vi todo o mundo moderno falando de fatalismo científico, dizendo que tudo é como sempre deve ter sido,

65 Oscar Fingal O'Flahertie Wills Wilde (1854-1900), escritor, poeta e dramaturgo irlandês, conhecido por seus textos irônicos e sarcásticos. (N.T.)

desenvolvendo-se sem falhas desde o começo. A folha na árvore é verde porque nunca poderia ter sido outra coisa. Ora, o filósofo de contos de fadas está contente com o fato de a folha ser verde precisamente porque podia ter sido escarlate. Ele sente como se ela tivesse ficado verde um instante antes de olhar para ela. Ele está satisfeito por a neve ser branca sob a base estritamente razoável de que poderia ter sido preta. Cada cor tem em si uma ousada qualidade da escolha; o vermelho das rosas do jardim não é apenas decisivo, mas dramático, como sangue repentinamente derramado. Ele sente que algo foi *feito*. Mas os grandes deterministas do século XIX colocaram-se fortemente contra esse sentimento nato de que algo havia acontecido um instante antes. De fato, de acordo com eles, nada realmente aconteceu desde o começo do mundo. Nada jamais aconteceu desde que a existência aconteceu; e até mesmo sobre a data disso eles não estavam muito certos.

O mundo moderno como eu o encontrei era sólido para o calvinismo moderno, pela necessidade de as coisas serem como são. Mas, quando vim a perguntar-lhes, descobri que eles não tinham realmente nenhuma prova dessa inevitável repetição nas coisas, exceto o fato de que as coisas se repetiam. Nesse ponto, a mera repetição tornou as coisas para mim um pouco mais estranhas do que mais racionais. Era como se, tendo visto um nariz de curioso formato na rua e ao tê-lo desconsiderado por ser um acidente, eu tivesse visto seis outros narizes com o mesmo surpreendente formato. Eu deveria ter imaginado por um momento que se tratava de alguma sociedade secreta local. Assim, um elefante com tromba era estranho; mas todos os elefantes com tromba pareciam um complô.

Eu falo aqui apenas de uma emoção, e de uma emoção ao mesmo tempo teimosa e sutil. Mas a repetição na natureza parecia, por vezes, ser uma repetição entusiasmada, como a de um professor irado dizendo a mesma coisa repetidas vezes. A grama parecia fazer sinais para mim com todos os dedos ao mesmo tempo; as inúmeras estrelas pareciam inclinadas a ser compreendidas. O Sol me faria vê-lo se ele nascesse mil vezes. As recorrências do universo elevaram-se ao ritmo enlouquecedor de um encantamento, e comecei a ver uma ideia.

Todo o materialismo imponente que domina a mente moderna repousa, em última instância, sobre uma suposição, uma suposição falsa. Supõe-se que, se uma coisa se repete, ela é provavelmente morta; é um pedaço de relógio. As pessoas sentem que, se o universo fosse pessoal, ele variaria; se o Sol estivesse vivo, dançaria. Isso é uma falácia mesmo em relação a fatos conhecidos. Pois a variação nos afazeres humanos geralmente é trazida a eles não pela vida, mas pela morte, pela diminuição ou quebra da força ou do desejo deles. Um homem varia os movimentos por causa de alguma pequena presença de falha ou fadiga. Ele entra em um ônibus porque está cansado de andar ou anda porque está cansado de ficar sentado. Mas, se sua vida e sua alegria eram tão gigantescas que ele nunca se cansou de ir para Islington, ele poderia ir a Islington com a mesma regularidade que o Tâmisa vai para Sheerness[66]. A velocidade e o êxtase de sua vida teriam a quietude da morte. O Sol se levanta todas as manhãs. Eu não me levanto todas as manhãs; mas a variação não se deve a minha atividade, mas a minha inação. Nesse ponto, para colocar o assunto em uma forma popular, pode ser verdade que o Sol nasça regularmente porque ele nunca cansa de nascer. Sua rotina pode se dever não a uma falta de vida, mas a um ímpeto de vida.

O que quero dizer pode ser visto, por exemplo, em crianças, quando elas encontram algum jogo ou piada de que gostam especialmente. Uma criança balança as pernas ritmicamente pelo excesso, não pela ausência, de vida. Por terem vitalidade abundante, por estarem com uma disposição ardente e livre, as crianças querem coisas repetidas e inalteradas. Elas sempre dizem: "faz de novo!"; e a pessoa adulta faz de novo até que esteja quase morta. Pois os adultos não são fortes o suficiente para exultar na monotonia. Mas talvez Deus seja forte o suficiente para exultar na monotonia. É possível que Deus diga todas as manhãs: "faz de novo" para o Sol, e todas as noites:

66 Islington é um distrito na Grande Londres, principalmente residencial. Sheerness é uma cidade na foz do rio Medway, na ilha de Sheppey, no sudeste da Inglaterra, a cerca de 60 km de Londres. Na parte norte, é banhada pelo Tâmisa. (N.T.)

"faz de novo" para a Lua. Pode não ser uma necessidade automática que torne todas as margaridas iguais; pode ser que Deus faça cada margarida separadamente, e nunca tenha se cansado de criá-las. Pode ser que Ele tenha o eterno apetite da infância; porque nós pecamos e envelhecemos, e nosso Pai é mais jovem do que nós. A repetição na natureza pode não ser uma mera recorrência; pode ser um *bis* teatral. O céu pode *pedir bis* ao pássaro que pôs um ovo. Se o ser humano concebe e gera um filho humano em vez de gerar um peixe, ou um morcego, ou um grifo, a razão pode não ser que tenhamos sido fixados em um destino animal sem vida ou propósito. Pode ser que nossa pequena tragédia tenha tocado os deuses, que eles a admirem de suas galerias estreladas, e que no final de cada drama humano o homem seja chamado repetidas vezes antes de as cortinas fecharem. A repetição pode continuar por milhões de anos, por mera escolha, e a qualquer momento pode parar. O homem pode permanecer na Terra geração após geração e, no entanto, cada nascimento ser positivamente sua última aparição.

Essa foi minha primeira convicção, produzida pelo choque entre minhas emoções infantis e o credo moderno acontecido na meia-idade. Sempre entendi, de modo vago, que os fatos eram milagres no sentido de que são maravilhosos; agora comecei a pensar neles como milagres no sentido mais estrito de que eram *deliberados*. Quero dizer que eles foram ou podem ser exercícios repetidos de alguma vontade. Em suma, sempre acreditei que o mundo envolvia magia; agora passei a pensar que talvez envolvesse um mágico. E isso apontava para uma profunda emoção sempre presente e subconsciente: que este nosso mundo tem algum propósito; e, se há um propósito, há uma pessoa. Sempre senti a vida em primeiro lugar como uma história: e, se há uma história, há um contador de histórias.

Mas o pensamento moderno também atingiu minha segunda tradição humana. Foi contra o sentimento de fada a respeito de limites e condições estritos. A única coisa de que o pensamento moderno gostava de falar era de expansão e de grandeza. Herbert Spencer[67] teria ficado muito aborrecido se alguém o houvesse chamado de imperialista, e, portanto, é altamente lamentável que ninguém o tenha feito. Mas ele foi um imperialista do tipo mais baixo. Ele popularizou essa noção desprezível de que o tamanho do sistema solar deveria superar o dogma espiritual do homem. Por que um homem deveria render sua dignidade ao sistema solar mais do que a uma baleia? Se o mero tamanho prova que o homem não é a imagem de Deus, então uma baleia pode ser a imagem de Deus, uma imagem um tanto sem forma, à qual se poderia chamar de retrato impressionista.

É muito fútil argumentar que o homem é pequeno comparado ao cosmos, pois o homem sempre foi pequeno comparado à árvore mais próxima. Mas Herbert Spencer, em seu imperialismo às avessas, insistiria em que, de alguma forma, tivéssemos sido conquistados e anexados pelo universo astronômico. Ele falou sobre os homens e seus ideais exatamente como o unionista[68] mais insolente fala sobre os irlandeses e seus ideais. Ele transformou a humanidade em uma pequena nacionalidade. E sua influência maligna pode ser vista até mesmo nos mais espirituosos e honrados autores científicos posteriores, notavelmente nos primeiros romances do sr. H. G. Wells. Muitos moralistas, de maneira exagerada, têm representado a terra como perversa. Mas o Sr. Wells e sua escola fizeram os céus perversos. Devemos erguer os olhos para as estrelas de onde viria nossa ruína.

Mas a expansão da qual falo foi muito mais maligna que tudo isso. Tenho observado que o materialista, como o louco, está na prisão: na prisão de um único pensamento. Essas pessoas pareciam pensar que era singularmente inspirador continuar dizendo que a prisão era muito grande. O tamanho desse universo científico não lhes proporcionou

67 Herbert Spencer (1820-1903), filósofo e educador inglês, um dos maiores representantes do positivismo na Inglaterra. É tido como o fundador da teoria do darwinismo social, segundo o qual as classes diferenciadas formariam a seleção natural na sociedade. (N.T.)

68 Partidário do unionismo, que defendia que a Irlanda do Norte permanecesse como parte do Reino Unido, criado pelo Ato de União de 1800. (N.T.)

nenhuma novidade, nenhum alívio. O cosmos continuou para sempre, mas nem em sua constelação mais extraordinária poderia haver algo realmente interessante; qualquer coisa, por exemplo, como perdão ou livre-arbítrio. A grandeza ou infinitude do segredo de seu cosmos não acrescentou nada a ele. Era como dizer a um prisioneiro em Reading[69] que ele ficaria feliz em saber que a prisão agora cobria metade do condado. O carcereiro não teria nada a mostrar ao homem a não ser mais e mais longos corredores de pedra iluminados por luzes espectrais e vazios de tudo o que é humano. Portanto, esses que expandem o universo não tinham nada a nos mostrar, a não ser mais e mais corredores infinitos de espaço, iluminados por sóis espectrais e vazios de tudo o que é divino.

No reino das fadas havia uma lei real; uma lei que poderia ser quebrada, pois, por definição, lei é algo que pode ser quebrado. Mas o mecanismo daquela prisão cósmica era algo que não podia ser quebrado, porque nós mesmos éramos apenas parte de seu mecanismo. Nós ou éramos incapazes de fazer as coisas ou estávamos destinados a fazê-las. A ideia da condição mística desapareceu completamente: ninguém pode ter a firmeza de manter as leis nem a alegria de quebrá-las. A grandeza desse universo nada tinha daquele frescor e etérea insurreição que louvamos no universo do poeta. Esse universo moderno é literalmente um império; isto é, era vasto, mas não é livre. Alguém podia entrar em quartos cada vez maiores e sem janelas, quartos grandes da perspectiva babilônica, mas nunca encontrar a menor janela ou um sopro do ar exterior.

Suas paralelas infernais pareciam se expandir com a distância; mas, para mim, todas as coisas boas chegam a um ponto final: as espadas, por exemplo. Assim, achando o orgulho do grande cosmos tão insatisfatório a minhas emoções, comecei a discutir um pouco sobre ele; e logo descobri que a atitude toda era ainda mais rasa do que se

69 Nome de uma cidade no condado de Berkshire, Inglaterra, em que uma prisão foi construída em 1884, em formato de cruz. Oscar Wilde cumpriu pena ali em certa ocasião. (N.T.)

poderia esperar. De acordo com essas pessoas, o cosmos era uma coisa só, uma vez que tinha uma regra uniforme. No entanto (eles diriam), embora seja uma coisa só, ele é também a única coisa que existe. Por que, então, deveria alguém se preocupar particularmente em chamá-lo de grande? Não há nada com que o comparar. Seria tão sensato quanto chamá-lo de pequeno. Um homem pode dizer: "gosto desse imenso cosmos, com sua vastidão de estrelas e sua multidão de variadas criaturas". Mas, se isso acontecer, por que outro homem não poderia dizer: "eu gosto desse pequenino e aconchegante cosmos, com seu número suficiente de estrelas e uma quantidade razoável de material vivo como eu gostaria de ver"? Uma declaração é tão boa quanto a outra; ambas são meros sentimentos. É mero sentimento regozijar-se com o fato de o Sol ser maior que a Terra; é um sentimento tão sadio quanto regozijar-se com o fato de que o Sol não é maior do que é. Um homem escolhe ter uma emoção sobre a grandeza do mundo; por que ele não poderia escolher ter uma emoção sobre a pequenez?

Aconteceu de eu ter essa emoção. Quando alguém gosta muito de alguma coisa, dirige-se a ela por diminutivos, mesmo que seja um elefante ou um guarda-costas. A razão é que qualquer coisa, por maior que seja, que possa ser concebida como completa, pode ser concebida como pequena. Se bigodes militares não sugerissem uma espada ou presas não sugerissem uma cauda, então o objeto seria vasto porque seria imensurável. Mas, no momento em que você pode imaginar um guarda, você pode imaginar um guarda pequeno. Quando você vê um elefante de verdade, pode chamá-lo de "Minúsculo". Se você pode fazer uma estátua de uma coisa, você pode fazer uma estatueta daquilo. Essas pessoas professavam que o universo era uma coisa coerente, mas elas não gostavam do universo. Eu, no entanto, gostava espantosamente muito do universo e queria me dirigir a ele por um diminutivo. Eu sempre fiz isso, e ele nunca pareceu se importar. Na verdade, na verdade, senti que esses dogmas obtusos da vitalidade eram mais bem expressos chamando o mundo de pequeno do que chamando-o de grande. Pois, com respeito ao infinito, havia uma espécie de descuido que era o reverso do cuidado feroz e piedoso que eu sentia tocar a inestimabilidade e o perigo da vida. Eles mostraram apenas um desperdício sombrio, mas eu senti uma espécie de frugalidade sagrada. Pois a economia é muito mais romântica que a extravagância. Para eles, as estrelas eram uma renda sem fim de meio *penny*, mas eu me sentia sobre o Sol dourado e a Lua prateada como um estudante se sente quando tem um soberano e um xelim[70].

Essas convicções subconscientes são mais bem descritas pela cor e pelo tom de certos contos. Assim, tenho dito que apenas histórias de mágica podem expressar minha sensação de que a vida não é apenas um prazer, mas uma espécie de privilégio excêntrico. Posso expressar esse outro sentimento de aconchego cósmico por alusão a mais um livro que sempre li na infância, *Robinson Crusoé*, que li mais ou menos nessa época, e que deve sua eterna vivacidade ao fato de celebrar a poesia dos limites, ou melhor, até o louco romance da prudência. Crusoé é um homem em uma pequena rocha com alguns confortos que conseguiu arrancar do mar: a melhor coisa no livro é simplesmente a lista de coisas salvas dos destroços. O maior dos poemas é um inventário. Cada utensílio de cozinha se torna ideal porque Crusoé poderia tê-lo deixado cair no mar.

É um bom exercício, em horas ociosas ou feias do dia, olhar para qualquer coisa (o balde de carvão ou a estante de livros) e pensar em quão feliz ficaria por tê-la trazido do navio afundado para a ilha solitária. Mas é um exercício ainda melhor lembrar como todas as coisas escaparam: tudo foi salvo de um naufrágio. Todo homem teve uma aventura horrível: não existiria, como um aborto oculto, como as crianças que nunca viram a luz[71]. Os homens falavam muito, na época de minha infância, sobre homens de gênio limitados ou arruinados, e era comum dizer que muitos homens eram um Grande Poderia-Ter--Sido. Para mim, é um fato mais sólido e surpreendente que qualquer homem na rua seja um Grande Poderia-Não-Ter-Sido.

---

70 Soberano (*sovereign*) é uma moeda de ouro inglesa do séc. XV no valor de 20 xelins. Um xelim equivale a doze *pence* (plural de *penny*). (N.T.)

71 Referência a Jó 3.16. (N.T.)

Mas eu realmente sentia (a fantasia pode parecer tola) como se toda a ordem e o número das coisas fossem o remanescente romântico do navio de Crusoé. Existirem dois sexos e um sol era como o fato de haver duas armas e um machado. Era dolorosamente urgente que nada se perdesse; mas, de alguma forma, era bastante divertido que nada podia ser adicionado. As árvores e os planetas pareciam coisas salvas dos destroços: e, quando vi o Matterhorn[72], fiquei contente por ele não ter passado despercebido na confusão. Eu me sentia econômico a respeito das estrelas como se fossem safiras (elas são chamadas assim no Éden, de Milton): eu acumulei as colinas. Pois o universo é uma única joia, e, embora seja um jargão natural falar de uma joia como inigualável e inestimável, com respeito a essa joia isso é literalmente verdade. Este cosmo é sem par e sem preço, pois não pode haver outro.

Assim termina, em inadequação inevitável, a tentativa de dizer as coisas indizíveis. Essas são minhas atitudes últimas em relação à vida, os solos para as sementes da doutrina. De algum modo obscuro, foi o que pensei antes de escrever e senti antes que pudesse pensar: para que possamos prosseguir mais facilmente depois, vou recapitulá-los grosseiramente agora. Eu senti em meus ossos: primeiro, que este mundo não se explica. Ele pode ser um milagre com uma explicação sobrenatural; pode ser um truque de mágica, com uma explicação natural. Mas a explicação do truque de mágica, para me satisfazer, terá de ser melhor que as explicações naturais que ouvi. A coisa é mágica, verdadeira ou falsa.

Em segundo lugar, passei a sentir que a magia deve ter um significado, e o significado deve ter alguém que o explique. Havia algo de pessoal no mundo, como em uma obra de arte; seja lá o que isso significava, significava-o violentamente.

Em terceiro, achei esse propósito belo em seu projeto antigo, apesar de seus defeitos, como os dragões. Quarto, que a forma apropriada

72 Ou Monte Cervino, também conhecido por Montanha das Montanhas; de forma triangular, é a montanha mais conhecida dos Alpes, com quase 4,5 km de altura. (N.T.)

de agradecimento a isso é alguma forma de humildade e restrição: devemos agradecer a Deus pela cerveja e pelo borgonha não bebendo muito deles. Devemos também obediência ao que quer que nos tenha feito. E por último, e mais estranho, surgira em minha mente uma vaga e vasta impressão de que, de algum modo, todo bem era um remanescente de alguma ruína primordial a ser armazenado e considerado sagrado. O homem salvara seus pertences como Crusoé salvara seus pertences: ele os salvara de um naufrágio. Tudo isso eu senti, e a época não me encorajou a sentir isso. E em todo esse tempo eu nem pensei em teologia cristã.

CAPÍTULO V

A BANDEIRA DO MUNDO

Quando eu era menino, havia dois homens curiosos correndo por aí que eram chamados de o otimista e o pessimista. Eu mesmo usei constantemente as palavras, mas confesso com alegria que nunca tive uma ideia muito especial do que elas significavam. A única coisa que poderia ser considerada evidente era que eles não poderiam dizer o que diziam, pois a explicação verbal comum era que o otimista achava que este mundo era o melhor possível, enquanto o pessimista achava que era o pior possível. Sendo ambas as afirmações obviamente um disparate, tinha-se de procurar outras explicações. Um otimista não poderia significar um homem que achava tudo certo e nada errado. Pois isso é sem sentido; é como chamar tudo de direito e nada de esquerdo.

Considerando o todo, cheguei à conclusão de que o otimista pensava que tudo era bom, exceto o pessimista, e que o pessimista pensava que tudo era ruim, exceto ele mesmo. Seria injusto omitir completamente da lista a definição misteriosa, mas sugestiva, dita por uma garotinha: "um otimista é um homem que cuida dos próprios olhos e um pessimista é um homem que cuida dos próprios pés". Não tenho certeza se essa não é a melhor definição de todas. Existe até uma espécie de verdade alegórica nela. Pois talvez pudesse haver uma distinção proveitosa entre aquele pensador mais sombrio que pensa apenas em nosso contato com a terra momento a momento e aquele pensador mais feliz que considera de preferência nosso principal poder de visão e de escolher o caminho.

Mas esse é um erro profundo nessa alternativa entre o otimista e o pessimista. A suposição dela é que um homem critica este mundo como se estivesse procurando casa, como se lhe estivesse sendo mostrado um novo conjunto de apartamentos. Se um homem viesse para este mundo procedendo de algum outro mundo em plena posse de seus poderes, ele poderia discutir se a vantagem dos bosques no verão compensaria a desvantagem dos cães loucos, assim como um homem que procura alojamento poderia compensar a ausência de vista para o mar com a presença de um telefone. Mas nenhum homem está nessa posição. Um homem pertence a este mundo antes de começar a perguntar se é bom pertencer a ele. Ele lutou pela bandeira, e muitas vezes obteve vitórias heroicas para a bandeira muito antes de se alistar. Para colocar de modo breve o que parece ser o assunto essencial, ele tem uma lealdade muito antes de ter alguma admiração.

No último capítulo, foi dito que o sentimento primário de que este mundo é estranho e, ainda assim, atraente é mais bem expresso em contos de fadas. O leitor pode, se quiser, atribuir o próximo estágio àquela literatura belicosa e até mesmo jinga[73] que comumente vem a seguir na história de um menino. Todos nós derivamos muita sã moral dos jornais sensacionalistas[74]. Seja qual for a razão, pareceu-me e ainda parece-me que nossa atitude em relação à vida pode ser mais bem expressa em termos de uma espécie de lealdade militar do que em termos de crítica e aprovação. Minha aceitação do universo não é otimismo, é mais como patriotismo. É uma questão de lealdade primária. O mundo não é uma hospedaria em Brighton, que devemos deixar porque é decrépita. Ele é a fortaleza de nossa família, com a

73 No final do séc. XIX, jingo era, na Inglaterra, alcunha dada a quem era favorável a uma guerra imediata contra a Rússia. Por extensão, passou a significar "patriota fanático ou agressivo". (N.T.)

74 O termo *penny dreadful*, no original, pode aplicar-se também a histórias e romances de linha mórbida e sensacionalista. (N.T.)

bandeira esvoaçando na torre, e, quanto mais decrépito é, menos devemos deixá-lo. O ponto não é que este mundo é muito triste para amá-lo ou muito feliz para não amá-lo; o ponto é que, quando você ama uma coisa, a alegria dela é uma razão para amá-la e a tristeza dela é uma razão para amá-la mais. Todos os pensamentos otimistas sobre a Inglaterra e todos os pensamentos pessimistas sobre ela são razões semelhantes para o patriota inglês. Da mesma forma, otimismo e pessimismo são argumentos semelhantes para o patriota cósmico.

Vamos supor que sejamos confrontados com uma coisa desesperada; digamos, Pimlico[75]. Se pensarmos o que realmente é melhor para Pimlico, descobriremos que o fio do pensamento leva ao trono ou ao místico e ao arbitrário. Não é suficiente para um homem desaprovar Pimlico; nesse caso, ele simplesmente cortará a garganta ou se mudará para Chelsea. E, certamente, não é suficiente para um homem aprovar Pimlico, pois então Pimlico permanecerá, o que seria horrível. A única saída é que alguém ame Pimlico: ame-o com um laço transcendental e sem qualquer razão terrena. Se surgisse um homem que amasse Pimlico, Pimlico se levantaria em torres de marfim e pináculos dourados; Pimlico se adornaria como uma mulher quando é amada. Pois a decoração não é dada para esconder coisas horríveis, mas para decorar coisas já adoráveis. Uma mãe não dá ao filho um laço azul porque ele fica tão feio sem o adorno. Um amante não dá a uma garota um colar para esconder-lhe o pescoço. Se os homens amassem Pimlico como mães amam os filhos, arbitrariamente, porque são *delas*, Pimlico em um ano ou dois poderia ser mais belo que Florença.

Alguns leitores dirão que isso é mera fantasia. Eu respondo que essa é a história real da humanidade. Isso, de fato, é como as cidades tornaram-se grandes. Volte para as raízes mais sombrias da civilização

75 Distrito residencial na Londres Central, caracterizado por jardins públicos, grandes casas do séc. XIX e muitos hotéis. Chesterton refere-se ao declínio que a região sofreu no séc. XIX, principalmente após a Grande Praga e o Grande Incêndio, e às tentativas, no início do séc. XX, de revigorá-la. Por causa da proximidade, muitos membros do Parlamento moravam no distrito. (N.T.)

e você vai encontrá-las enroscadas em torno de alguma pedra sagrada ou cercando algum poço sagrado. As pessoas primeiro honravam um lugar e depois traziam glória para ele. Os homens não amavam Roma porque ela era grande. Ela foi grande porque eles a amaram.

As teorias do contrato social do século XVIII foram expostas a críticas muito grosseiras em nosso tempo; ao sugerir que por trás de todo o governo histórico havia uma ideia de contentamento e cooperação, essas críticas estavam demonstravelmente certas. Mas elas realmente estavam erradas ao sugerir que os homens sempre haviam objetivado a ordem ou a ética diretamente por uma troca consciente de interesses. A moralidade não começou com um homem dizendo a outro: "eu não vou bater em você se você não me bater"; não há nenhum traço de uma transação assim. *Há* um traço de ambos os homens dizendo: "não devemos nos agredir no lugar sagrado". Eles ganharam sua moralidade guardando sua religião. Eles não cultivaram coragem. Eles lutaram pelo santuário e perceberam que haviam se tornado corajosos. Eles não cultivaram a limpeza. Eles se purificaram para o altar e perceberam que estavam limpos.

A história dos judeus é o único documento antigo conhecido pela maioria dos ingleses, e os fatos podem ser julgados de modo suficiente a partir disso. Os Dez Mandamentos, que foram considerados substancialmente comuns à humanidade, eram meramente comandos militares: um código de ordens regimentais, emitido para proteger certa arca por meio de certo deserto. A anarquia era má porque colocava em risco a santidade. E somente quando fizeram um dia santo para Deus eles descobriram que haviam feito um feriado[76] para os homens.

Se for aceito que essa devoção primária a um lugar ou a uma coisa é fonte de energia criativa, podemos avançar para um fato muito peculiar. Vamos reiterar por um instante que o único otimismo correto é uma espécie de patriotismo universal. Qual é o problema com o

76 Chesterton faz um jogo de palavras com *holy day* (dia santo) e *holiday* (feriado). (N.T.)

pessimista? Eu acho que pode ser afirmado que ele é o antipatriota cósmico. E qual é o problema com o antipatriota? Eu acho que pode ser dito, sem amargura indevida, que ele é o amigo sincero. E qual é o problema com o amigo sincero? Nesse ponto atingimos a rocha da vida real e da natureza humana imutável.

Eu me arrisco a dizer que o que é ruim no amigo sincero é simplesmente que ele não é sincero. Ele está escondendo alguma coisa: seu próprio prazer sombrio em dizer coisas desagradáveis. Ele tem um desejo secreto de machucar, não apenas de ajudar. Isso é certamente, penso eu, o que faz certo tipo de antipatriota irritar os cidadãos saudáveis. Eu não falo (é claro) do antipatriotismo que só irrita corretores febris e atrizes sentimentais; isso é apenas patriotismo, falando de modo claro. Um homem que diz que nenhum patriota deve atacar a Guerra dos Bôeres[77] até que ela termine não merece uma resposta inteligente; ele está dizendo que nenhum bom filho deve avisar a mãe sobre um penhasco até que ela caia dele. Mas há um antipatriota que sinceramente irrita homens honestos, e a explicação para isso é, penso eu, o que sugeri: ele é o insincero amigo sincero; o homem que diz: "lamento dizer que estamos arruinados", mas não lamenta. E pode ser dito, sem retórica, que ele é um traidor, pois está usando aquele feio conhecimento que lhe permitiu fortalecer o exército, a fim de desencorajar as pessoas de se alistarem. Por estar autorizado a ser pessimista como conselheiro militar, ele está sendo pessimista como sargento de recrutamento. Exatamente da mesma forma que o pessimista (que é o antipatriota cósmico) usa a liberdade que a vida permite a seus conselheiros com o intuito de afastar as pessoas da bandeira dela. Admitindo que ele declara apenas fatos, ainda é essencial saber quais são suas emoções, qual é seu motivo. Pode ser que 1.200 homens em Tottenham[78] estejam com varíola; mas

77 Nome de dois conflitos armados (1880-1881 e 1899-1902) ocorridos na África do Sul, entre colonos holandeses e franceses, os bôeres, e o exército britânico, por causa de minas de diamante e de ouro encontradas na região. (N.T.)

78 Distrito na região norte de Londres. (N.T.)

queremos saber se isso é afirmado por algum grande filósofo que quer amaldiçoar os deuses ou apenas por algum clérigo comum que quer ajudar os homens.

O mal do pessimista, então, não é que ele castigue deuses e homens, mas, sim, que não ama o que ele castiga, ele não tem essa lealdade primária e sobrenatural às coisas. Qual é o mal do homem comumente chamado de otimista? Obviamente, sente-se que o otimista, desejando defender a honra deste mundo, defenderá o indefensável. Ele é o jingo do universo; ele dirá: "meu cosmos, certo ou errado". Ele estará menos inclinado à reforma das coisas; é mais inclinado a uma espécie de resposta oficial vinda de um dos líderes na Câmara dos Comuns a todos os ataques, acalmando cada um com garantias. Ele não lavará o mundo, mas caiará o mundo. Tudo isso (o que é verdade para um tipo de otimista) nos leva ao ponto realmente interessante da psicologia, que sem isso não poderia ser explicado.

Dizemos que deve haver uma lealdade primordial à vida; a única pergunta é: ela será uma lealdade natural ou sobrenatural? Se você preferir colocar assim: será uma lealdade razoável ou não razoável? Ora, o extraordinário é que o mau otimismo (a caiação, a fraca defesa de tudo) chega com o otimismo razoável. O otimismo racional leva à estagnação: é o otimismo irracional que leva à reforma. Deixe-me explicar usando mais uma vez o paralelo do patriotismo.

O homem que mais provavelmente arruinará o lugar que ama é exatamente o homem que o ama com uma razão. O homem que melhorará o lugar é o homem que o ama sem uma razão. Se um homem ama alguma característica de Pimlico (o que parece improvável), ele poderá vir a defender aquela característica contra Pimlico. Mas, se simplesmente ama Pimlico, ele pode devastá-lo e transformá-lo na Nova Jerusalém.

Não nego que a reforma possa ser excessiva; eu só digo que é o patriota místico que reforma. O mero autocontentamento do jingo é mais comum entre aqueles que têm alguma razão pedante para seu patriotismo. Os piores jingos não amam a Inglaterra, mas uma teoria de Inglaterra. Se amamos a Inglaterra por ser um império, podemos superestimar o sucesso com o qual governamos os hindus. Mas, se a amamos apenas por ser uma nação, podemos enfrentar todos os eventos, pois ela seria uma nação mesmo se os hindus nos governassem. Assim também somente permitirão que seu patriotismo falsifique a história aqueles cujo patriotismo depende da história. Um homem que ama a Inglaterra por ser inglês não dará importância a como ela surgiu. Mas um homem que ama a Inglaterra por ser anglo-saxão poderá ir contra todos os fatos por causa daquilo que imagina. Ele pode terminar (como Carlyle e Freeman)[79] sustentando que a conquista normanda foi uma conquista saxônica. Ele pode terminar em total desrazão, por ter uma razão. Um homem que ama a França por ser militar vai paliar o exército de 1870. Mas um homem que ama a França por ser a França vai melhorar o exército de 1870. Isso é exatamente o que os franceses fizeram, e a França é um bom exemplo do paradoxo em operação. Em nenhum outro lugar o patriotismo é mais puramente abstrato e arbitrário; e em nenhum outro lugar a reforma é mais drástica e abrangente. Quanto mais transcendental é seu patriotismo, mais prática é sua política.

Talvez o exemplo mais cotidiano dessa questão esteja no caso das mulheres e sua lealdade estranha e forte. Algumas pessoas estúpidas começaram a ideia de que, porque as mulheres obviamente apoiam seu próprio povo em qualquer circunstância, elas, portanto, são cegas e nada veem. Essas pessoas dificilmente conheceram alguma mulher. As mesmas mulheres que estão prontas a defender seus homens apesar de todas as adversidades são (em suas relações pessoais com o homem) quase morbidamente lúcidas quanto à fragilidade das desculpas deles ou sobre quão cabeças-duras eles são[80]. O amigo de um homem gosta

79 Thomas Carlyle (1795-1881), escritor, historiador e ensaísta escocês. Defendia que a história, que considerava uma Escritura Divina, deveria ser interpretada por intermédio da vida dos heróis e dos líderes, a quem via como tendo recebido uma missão dada por Deus. Não foi possível identificar Freeman. (N.T.)

80 O autor faz um jogo de palavras com a expressão *through thick and thin* (apesar de todas as adversidades) e as palavras *thinness* e *thickness*. (N.T.)

dele, mas o deixa ser como é; sua esposa o ama e está sempre tentando transformá-lo em outra pessoa. Mulheres que são místicas absolutas em seu credo são cínicas em suas críticas. Thackeray expressou isso bem quando fez a mãe de Pendennis, que adorava seu filho como um deus, assumir apesar disso que ele iria errar como homem[81]. Ela subestimou a virtude dele, embora superestimasse seu valor. O devoto é inteiramente livre para criticar; o fanático pode seguramente ser um cético. O amor não é cego; essa é a última coisa que ele é. O amor está obrigado; e, quanto mais obrigado está, menos é cego.

Pelo menos essa era a minha posição sobre tudo o que se chamava otimismo, pessimismo e aperfeiçoamento. Antes de qualquer ato cósmico de reforma, devemos ter um pacto cósmico de fidelidade. Um homem deve estar interessado na vida para, então, poder estar desinteressado em seus pontos de vista sobre ela. "Meu filho, dá-me o teu coração"[82]; o coração deve estar fixo na coisa certa: no momento em que temos um coração fixado, temos uma mão livre.

Preciso fazer uma pausa para antecipar uma crítica óbvia. Será dito que uma pessoa racional aceita o mundo como uma mistura de bem e mal com uma satisfação decente e uma resistência decente. Mas essa é exatamente a atitude que afirmo ser defeituosa. Ela é, eu sei, muito comum nestes dias; ela foi perfeitamente descrita naquelas linhas tranquilas de Matthew Arnold[83], que são mais piegas e blasfemas do que os gritos de Schopenhauer:

81 William Makepeace Thackeray (1811-1863), renomado escritor britânico. Em *The History of Pendennis: His Fortunes and Misfortunes, His Friends and His Greatest Enemy* [A história de Pendeniss: suas sortes e seus azares, seus amigos e seu maior inimigo], publicado entre 1848 e 1850, obra em que satiriza a sociedade aristocrática, o personagem principal, Arthur Pendeniss, é filho de uma mãe indulgente, empobrecida, mas supostamente descendente de família nobre. (N.T.)

82 Provérbios 23.26. (N.T.)

83 Matthew Arnold (1822-1888), poeta e crítico literário e social inglês, conhecido por seus ataques clássicos aos gostos e costumes contemporâneos dos "bárbaros"(a aristocracia), dos "filisteus" (a classe média comercial) e a "população". (N.T.)

"O suficiente vivemos – se uma vida,
De grandes resultados tão destituída,
Embora suportável, dificilmente pareça merecer
Essa pompa de mundos, essa dor de nascer."

Eu sei que esse sentimento enche nossa época, e penso que ele congela nossa época. Para nossos propósitos titânicos de fé e revolução, o que precisamos não é a aceitação fria do mundo como um compromisso, mas uma maneira pela qual possamos odiá-lo de todo coração e de todo coração amá-lo. Não queremos que alegria e raiva se neutralizem mutuamente e produzam um contentamento carrancudo; queremos um deleite e um descontentamento mais ferozes. Temos de sentir o universo de uma só vez como um castelo de ogro, a ser invadido, e também como nossa própria cabana, à qual podemos voltar à noite.

Ninguém duvida de que um homem comum possa dar-se bem com este mundo; mas nós precisamos não de força suficiente para dar--nos bem com ele, e sim de força suficiente para fazê-lo dar-se bem. O homem comum pode odiá-lo o suficiente para mudá-lo e, ainda assim, amá-lo o suficiente para pensar que vale a pena mudá-lo? Ele pode olhar para o bem colossal do mundo sem antes sentir condescendência? Ele pode olhar para seu mal colossal sem antes sentir desespero? Ele pode, em suma, ser ao mesmo tempo não apenas um pessimista e um otimista, mas um pessimista fanático e um otimista fanático? Ele é pagão o suficiente para morrer pelo mundo e cristão o suficiente para morrer por ele? Nessa combinação, eu sustento, é o otimista racional que falha e é o otimista irracional que obtém sucesso. Ele está pronto para esmagar todo o universo para o benefício do universo.

Coloquei essas coisas não em sua sequência lógica madura, mas como elas surgiram: e essa visão foi esclarecida e aguçada por um acidente há algum tempo. Sob a sombra crescente de Ibsen[84], surgiu

84 Henrik Johan Ibsen (1828-1906), dramaturgo, poeta e diretor teatral norueguês, apelidado de "Pai do teatro moderno". (N.T.)

uma discussão sobre se não era uma coisa muito louvável alguém se matar. Os túmulos modernos disseram-nos que não devemos nem mesmo dizer "coitado" a respeito de um homem que estourou os miolos, já que ele era uma pessoa invejável e que só os havia estourado por causa da excepcional excelência deles. O sr. William Archer[85] chegou a sugerir que, na era de ouro, haveria máquinas acionadas por uma moeda de um centavo com as quais um homem poderia se matar gastando quase nada. Em tudo isso, eu me vi totalmente hostil a muitos que se consideravam liberais e humanos. Não apenas o suicídio é um pecado, ele é o pecado. É o mal supremo e absoluto, a recusa em se interessar pela existência, a recusa em fazer o pacto de lealdade à vida. O homem que mata um homem mata um homem. O homem que se mata, mata todos os homens; no que lhe diz respeito, ele apaga o mundo. Seu ato é pior (simbolicamente considerado) do que qualquer estupro ou atentado a bomba, pois destrói todos os edifícios, insulta todas as mulheres.

O ladrão está satisfeito com diamantes, mas o suicida não está: esse é seu crime. Ele não pode ser subornado, mesmo pelas pedras fulgurosas da Cidade Celestial. O ladrão elogia as coisas que rouba, se não o dono delas. Mas o suicida insulta tudo na terra por não roubá--la. Ele contamina cada flor por recusar-se a viver por amor a elas. Não há uma minúscula criatura no cosmos a quem sua morte não seja um escárnio. Quando um homem se pendura em uma árvore, as folhas podem cair de raiva e os pássaros, voarem com fúria, pois cada um deles recebeu uma afronta pessoal. Sem dúvida, pode haver desculpas emocionais patéticas para o ato. Elas muitas vezes são dadas para os estupros e quase sempre são dadas para as bombas. Mas, no que diz respeito a esclarecer ideias e ao significado inteligente das coisas, há muito mais verdade racional e filosófica no sepultamento

---

85 William Archer (1856-1924), escritor e crítico teatral escocês, patrono das peças de Ibsen e amigo de Bernard Shaw.

nos cruzamentos de estradas e na estaca cravada no corpo[86] do que nas máquinas automáticas suicidas de Archer. Existe um significado em enterrar o suicida afastado dos demais. O crime do homem é diferente de outros crimes, pois torna impossíveis até mesmo outros crimes.

Mais ou menos na mesma época, li um comentário solene de certo pensador livre: ele disse que um suicida era tão somente o mesmo que um mártir. A evidente falácia da afirmação ajudou a esclarecer a questão. Obviamente, um suicida é o oposto de um mártir. Um mártir é um homem que se importa tanto com algo fora dele que se esquece da própria vida. Um suicida é um homem que se preocupa tão pouco com qualquer coisa fora dele que quer ver o fim de tudo. Um quer que algo comece, o outro quer que tudo termine. Em outras palavras, o mártir é nobre, exatamente porque (embora renuncie ao mundo ou execre toda a humanidade) confessa esse vínculo definitivo com a vida; seu coração está em algo fora de si, ele morre para que algo possa viver. O suicida é ignóbil porque não tem essa ligação com o ser: ele é um mero destruidor; espiritualmente, ele destrói o universo.

Então, lembrei-me da estaca e dos cruzamentos, e do estranho fato de que o cristianismo havia mostrado essa extraordinária severidade com relação ao suicida. Pois o cristianismo mostrara um encorajamento irrestrito ao mártir. O cristianismo histórico foi acusado, não inteiramente sem razão, de levar o martírio e o ascetismo a um ponto desolado e pessimista. Os primeiros mártires cristãos falavam da morte com uma horrível felicidade. Eles blasfemaram dos belos deveres do corpo; o aroma do desocupado túmulo ao longe era para eles como um campo de flores. Tudo isso pareceu a muitos a própria poesia do pessimismo. No entanto, há a estaca no cruzamento de estradas para mostrar o que o cristianismo pensava do pessimista.

Esse foi o primeiro da longa sucessão de enigmas com o qual o cristianismo entrou em discussão. E veio com ele uma peculiaridade

86 A Igreja Católica proibia o enterro de suicidas no solo consagrado dos cemitérios. Quando ocorria, eram sepultados com uma estaca cravada, afastados dos demais túmulos. Mas eram, preferencialmente, enterrados nos confins da cidade ou em cruzamentos de estradas. (N.T.)

da qual terei de falar mais marcadamente, como uma nota de todas as noções cristãs, mas que, de modo distinto, começou nesse enigma. A atitude cristã em relação ao mártir e ao suicida não era como é tão frequentemente afirmado na moral moderna. Não era uma questão de grau. Não havia uma linha que devesse ser traçada em algum lugar, e que o automatador em exaltação ficasse dentro da linha, o automatador em tristeza ficasse logo além dela. O sentimento cristão, é evidente, não era apenas que o suicida estava levando o martírio longe demais. O sentimento cristão era furiosamente a favor de um e furiosamente contra o outro: essas duas coisas que se pareciam tanto eram os lados opostos do céu e do inferno. Um homem jogou a vida fora; ele era tão bom que seus ossos secos podiam curar cidades com pestilência. Outro homem jogou a vida fora; ele era tão mau que seus ossos poluíam os de seus irmãos. Não estou dizendo que essa ferocidade estava certa; mas por que foi tão feroz?

Foi aí que, pela primeira vez, dei-me conta de que meus pés errantes estavam em uma trilha batida. O cristianismo também sentiu essa oposição do mártir ao suicida: ele a teria, talvez, sentido pela mesma razão? Teria o cristianismo sentido o que eu senti, mas não o pôde (e não pode) expressar; essa necessidade de, primeiro, uma lealdade às coisas e, depois, de uma perigosa reforma das coisas? Então, lembrei que na verdade era a acusação contra o cristianismo que combinava essas duas coisas que eu estava com esforço tentando combinar. O cristianismo foi acusado de ser, ao mesmo tempo, otimista demais sobre o universo e pessimista demais sobre o mundo. A coincidência me paralisou repentinamente.

Um hábito imbecil surgiu na controvérsia moderna de dizer que tal e tal credo pode ser sustentado em uma era, mas não pode ser sustentado em outra. Alguns dogmas, segundo nos dizem, foram críveis no século XII, mas não são críveis no século XX. Você pode também dizer que certa filosofia pode ser crida às segundas-feiras, mas não pode ser crida às terças-feiras. Você poderia também dizer que, do ponto de vista do cosmos, ela era adequada para as 15h30, mas não para as 16h30. Aquilo em que um homem pode crer depende de sua filosofia, não do relógio ou do século. Se um homem crê em uma lei natural inalterável, não pode crer em milagre algum em época alguma. Se um homem crê em uma vontade por trás da lei, pode crer em qualquer milagre em qualquer época. Suponha, à guisa de argumento, que estejamos preocupados com um caso de cura taumatúrgica. Um materialista do século XII não poderia acreditar nela tanto quanto um materialista do século XX. Mas um cientista cristão do século XX pode acreditar tanto quanto um cristão do século XII. Isso simplesmente diz respeito à teoria que um homem tem a respeito das coisas. Portanto, ao lidar com qualquer resposta histórica, a questão não é se ela foi dada em nossa época, mas se foi dada em resposta a nossa pergunta. E, quanto mais eu pensava sobre quando e como o cristianismo havia vindo ao mundo, mais eu sentia que ele realmente veio responder a essa pergunta.

Comumente são os cristãos frouxos e latitudinários que expressam elogios bastante indefensáveis ao cristianismo. Eles falam como se nunca tivesse havido piedade ou compaixão até o surgimento do cristianismo, um ponto sobre o qual qualquer homem medieval ficaria ansioso em corrigi-los. Eles sugerem que o notável com relação ao cristianismo é que ele foi o primeiro a pregar a simplicidade ou o autocontrole, ou a busca por coisas interiores e a sinceridade. Eles me acharão muito estreito (seja lá o que isso signifique) se eu disser que o notável com relação ao cristianismo é que ele foi o primeiro a pregar o cristianismo. Sua peculiaridade é o que havia de peculiar, e simplicidade e sinceridade não são peculiares, mas ideais óbvios para toda a humanidade. O cristianismo foi a resposta para um enigma, não o último truísmo proferido depois de uma longa conversa.

Só recentemente vi, em um excelente semanário de tom puritano, esta observação: que o cristianismo, quando despojado de sua armadura de dogma (como quem queria falar de um homem despido de sua armadura de ossos), tornava-se nada mais que a doutrina quacre da Luz Interior[87]. Agora, se eu dissesse que o cristianismo veio ao mundo especialmente para destruir a doutrina da Luz Interior, isso seria um exagero. Mas seria muito mais próximo da verdade. Os últimos estoicos, como Marco Aurélio[88], eram exatamente as pessoas que acreditavam na Luz Interior. Sua dignidade, seu cansaço, seu deplorável cuidado exterior com os outros, seus incuráveis cuidados interiores consigo mesmos, tudo isso era devido à Luz Interior, e existiam apenas por essa iluminação sombria. Observe que Marco Aurélio insiste, como sempre fazem esses moralistas introspectivos, em pequenas coisas feitas ou desfeitas. Isso ocorre porque ele não odeia ou ama o suficiente para fazer uma revolução moral. Ele acorda cedo de manhã, assim como nossos próprios aristocratas que vivem a Vida Simples acordam cedo de manhã, pois tal altruísmo é muito mais fácil do que parar os jogos do anfiteatro ou devolver aos ingleses suas terras. Marco Aurélio é o mais intolerável dos tipos humanos. Ele é um egoísta altruísta. Um egoísta altruísta é um homem que tem orgulho sem a desculpa da paixão.

De todas as formas imagináveis de iluminação, a pior é o que essas pessoas chamam de Luz Interior. De todas as religiões horríveis, a mais horrível é a adoração do deus interior. Qualquer um que conheça qualquer grupo desses sabe como isso funcionaria; qualquer um que conheça alguém do Centro de Pensamento Superior[89] sabe como funciona. Dizer que João deve adorar o deus dentro dele vem a significar que João deve adorar João. Deixe João adorar o Sol ou a

87 Segundo os quacres, movimento religioso surgido na Inglaterra no séc. XVII, que pregavam uma vida pacífica e simples, sem hierarquia clerical, todo ser humano tem a Luz Interior, que é a presença de Deus, a qual os guia. (N.T.)

88 O estoicismo foi uma escola filosófica grega fundada no início do séc. III a.C. que pregava, entre outras coisas, a conquista da felicidade por meio da ataraxia, um comportamento apático, indiferente. O imperador Marco Aurélio (121-180) registrou em *Meditações*, uma espécie de diário, as práticas e as orientações estoicas que adotou, como acordar cedo para a reflexão matinal. (N.T.)

89 Estabelecido em Kensington, Inglaterra, em 1900, era um dos muitos movimentos metafísicos da época. Propunha-se a manter o "ensino definitivo sobre a Unicidade de Criador e Criação - Causa e Efeito". (N.T.)

Lua, qualquer coisa em vez da Luz Interior; deixe João adorar gatos ou crocodilos, se conseguir encontrar algum desses na rua, mas não o deus interior.

O cristianismo veio ao mundo em primeiro lugar para afirmar com violência que o homem não tem que olhar somente para dentro, mas olhar para fora, contemplar com espanto e entusiasmo uma companhia divina e um capitão divino. A única diversão de ser cristão era que um homem não era deixado sozinho com a Luz Interior, mas reconhecia de modo definitivo uma luz exterior, tão bela quanto o Sol, clara como a Lua, "terrível como um esquadrão com bandeiras desfraldadas"[90].

Mesmo assim, será bom João não adorar o Sol e a Lua. Se ele o faz, terá a tendência de imitá-los; ou seja, porque o Sol queima insetos vivos, ele pode queimar insetos vivos. Acha que, uma vez que o Sol dá insolação às pessoas, ele pode dar sarampo ao vizinho. Acha que, já que se diz que a Lua enlouquece os homens, ele pode enlouquecer a esposa.

Esse lado feio do mero otimismo externo também se mostrara no mundo antigo. Na época em que o idealismo estoico começara a mostrar as fraquezas do pessimismo, a velha adoração da natureza feita pelos antigos começara a mostrar as enormes fraquezas do otimismo. A adoração da natureza é natural o suficiente enquanto a sociedade é jovem, ou, em outras palavras, o panteísmo está certo desde que seja o culto de Pã[91]. Mas a natureza tem um lado que a experiência e o pecado não demoram a descobrir, e não é loucura dizer do deus Pã que ele logo mostrou o casco fendido. A única objeção à religião natural é que, de alguma forma, ela sempre se torna antinatural. Um homem ama a natureza pela manhã por causa da inocência e da amabilidade dela, e, se ainda a ama ao cair da noite, é por causa da escuridão e da crueldade dela. Ele se banha de madrugada em águas límpidas,

---

90 Cântico dos cânticos 6.4. (N.T.)

91 O autor faz um jogo de palavras com *pantheism* e *Pan*. Panteísmo é a adoração da natureza em que Deus é visto em tudo o que existe. Pã é o deus grego de bosques, campos, rebanhos e pastores. Ele tem orelhas, chifres e pernas de bode. (N.T.)

assim como o Homem Sábio dos estoicos, mas, de algum modo, no trevoso fim do dia, ele se banha em sangue quente de touros, assim como Juliano, o Apóstata[92]. A mera busca da saúde sempre leva a algo insalubre. A natureza física não deve ser objeto direto de obediência; deve ser apreciada, não adorada. Estrelas e montanhas não devem ser levadas a sério. Se forem, terminaremos onde a adoração pagã da natureza terminou. Porque a terra é gentil, podemos imitar todas as suas crueldades. Porque a sexualidade é sensata, todos nós podemos enlouquecer com a sexualidade. O mero otimismo alcançou seu término insano e apropriado. A teoria de que tudo era bom se tornou uma orgia de tudo que era ruim.

Do outro lado, nossos pessimistas idealistas eram representados pelo velho remanescente dos estoicos. Marco Aurélio e seus amigos realmente desistiram da ideia de qualquer deus no universo e olhavam apenas para o deus interior. Eles não tinham esperança de qualquer virtude na natureza e quase nenhuma esperança de qualquer virtude na sociedade. Eles não tinham interesse suficiente no mundo exterior para destruí-lo ou para revolucioná-lo. Eles não amavam a cidade o suficiente para atear fogo a ela. Assim, o mundo antigo estava exatamente em nosso próprio desolado dilema. As únicas pessoas que realmente desfrutavam deste mundo estavam ocupadas em desmembrá-lo, e as pessoas virtuosas não se importavam o suficiente com as outras para derrubá-las. Nesse dilema (igual ao nosso), o cristianismo de repente entrou em cena e ofereceu uma resposta singular, que o mundo, por fim, aceitou como *a* resposta. Foi a resposta naquela ocasião, e penso ser a resposta agora.

Essa resposta foi como o golpe de uma espada: ela separou e em nenhum sentido provocou uma união de cunho sentimental. Em resumo, ela dividiu Deus do cosmos. Aquela transcendência e distinção da divindade que alguns cristãos agora querem remover do cristianismo era realmente a única razão pela qual alguém queria ser

92 Flávio Cláudio Juliano (331–363), último imperador pagão do mundo romano, recebeu a alcunha de "o Apóstata" por não professar a fé cristã e atacá-la duramente, como em sua obra *Contra os galileus*, e por adotar antigas crenças pagãs greco-romanas. (N.T.)

cristão. Foi o ponto principal da resposta cristã ao infeliz pessimista e ao ainda mais infeliz otimista.

Como estou aqui somente preocupado com o problema particular deles, indicarei apenas brevemente essa grande sugestão metafísica. Todas as descrições do princípio criador ou sustentador das coisas devem ser metafóricas, porque elas devem ser verbais. Assim, o panteísta é forçado a falar de Deus em todas as coisas como se estivesse em uma caixa. Assim, o evolucionista tem, em seu próprio nome, a ideia de ser desenrolado como um tapete. Todos os termos, religiosos e irreligiosos, estão abertos a essa acusação. A única questão é se todos os termos são inúteis ou se é possível, com uma dessas expressões, cobrir uma *ideia* distinta sobre a origem das coisas. Eu acho que é possível, e evidentemente o evolucionista o faz, ou ele não falaria sobre evolução.

E a frase-raiz para todo o teísmo cristão era esta: Deus era um criador, como um artista é um criador. Um poeta é tão separado de seu poema a ponto de falar dele como uma pequena coisa de que se "livrou". Mesmo ao trazê-lo à luz, ele o jogou fora. Esse princípio de que toda a criação e procriação é uma ruptura é pelo menos tão constante através do cosmos quanto o princípio evolucionário de que todo crescimento é uma ramificação. Uma mulher perde um filho ao mesmo tempo em que dá à luz um filho. Toda criação é separação. O nascimento é uma despedida tão solene quanto a morte.

O princípio filosófico primordial do cristianismo era que esse divórcio no ato divino de fazer (tal como separar o poeta do poema ou a mãe da criança recém-nascida) era a verdadeira descrição do ato pelo qual a energia absoluta fez o mundo. Segundo a maioria dos filósofos, Deus, ao fazer o mundo, escravizou-o. Segundo o cristianismo, ao fazê-lo, Ele o libertou. Deus havia escrito, não tanto um poema, mas mais uma peça; uma peça que Ele planejara como perfeita, a qual, porém, necessariamente havia sido deixada para atores humanos e diretores de cena, que desde então têm feito dela uma grande confusão. Discutirei a verdade desse teorema depois.

Aqui tenho apenas de ressaltar com que surpreendente suavidade se passou o dilema que discutimos neste capítulo. Desse modo, pelo menos, alguém poderia ficar ao mesmo tempo feliz e indignado sem se degradar a ser pessimista ou otimista. Nesse sistema, alguém poderia lutar contra todas as forças da existência sem abandonar a bandeira da existência. Pode-se estar em paz com o universo e ainda estar em guerra com o mundo. São Jorge ainda poderia lutar contra o dragão, por maior que se tornasse o monstro no cosmos, embora ele fosse maior que as grandes cidades ou maior que as colinas eternas. Se fosse tão grande quanto o mundo, ele ainda poderia ser morto em nome do mundo. São Jorge não teve de considerar quaisquer probabilidades ou proporções óbvias na escala das coisas, mas apenas o segredo original do escopo delas. Ele pode brandir a espada para o dragão, mesmo que este seja todas as coisas, mesmo que os céus vazios sobre a cabeça sua sejam apenas o enorme arco das mandíbulas abertas do dragão.

E então seguiu-se uma experiência impossível de descrever. Era como se eu estivesse cambaleando desde o nascimento entre duas máquinas enormes e incontroláveis, de formatos diferentes e sem conexão aparente: o mundo e a tradição cristã. Eu encontrara esta falha no mundo: o fato de que é preciso, de alguma forma, encontrar um meio de amar o mundo sem confiar nele; de alguma forma, é preciso amar o mundo sem ser mundano. Encontrei esta destacada característica da teologia cristã, como uma espécie de rígido aguilhão: a insistência dogmática de que Deus era pessoal e fizera um mundo separado de Si mesmo. O aguilhão do dogma encaixava-se exatamente na falha do mundo (evidentemente, ele foi pensado para estar ali), e, então, a coisa estranha começou a acontecer. Quando essas duas partes das duas máquinas se juntaram, uma após a outra, todas as outras partes se encaixaram e se ajustaram com misteriosa exatidão. Eu podia ouvir peça após peça que estava por cima de todo o maquinário caindo em seu lugar com uma espécie de clique de alívio. Quando uma peça foi para seu lugar, todas as outras partes foram repetindo essa retidão, como relógio após relógio bate ao meio-dia. Instinto após instinto foi respondido por doutrina após doutrina.

Ou, para variar a metáfora, eu era como alguém que avançava em um país hostil para tomar uma poderosa fortaleza. E, quando aquele forte caiu, todo o país se rendeu e se colocou unânime atrás de mim. Toda a terra foi iluminada, por assim dizer, voltando aos primeiros campos da minha infância. Todas aquelas fantasias cegas de infância, que no quarto capítulo tentei em vão delinear na escuridão, tornaram-se subitamente transparentes e sensatas. Eu estava certo quando sentia que rosas eram vermelhas por algum tipo de escolha: era a escolha divina. Eu estava certo quando sentia que quase preferiria dizer que a grama era da cor errada a dizer que, por necessidade, deveria ser dessa cor: poderia, na verdade, ser de qualquer outra.

Minha sensação de que a felicidade dependia do estranho fio de uma condição significava, por fim, alguma coisa: significava toda a doutrina da Queda. Mesmo aqueles monstros obscuros e disformes de noções que eu não conseguia descrever, muito menos defender, entraram silenciosamente em seus lugares como colossais cariátides[93] do credo. A fantasia de que o cosmos não era vasto e vazio, mas pequeno e acolhedor, tinha seu pleno significado agora, pois qualquer coisa que é uma obra de arte deve ser pequena à vista do artista; para Deus, as estrelas podem ser pequenas e queridas, como diamantes. E meu persistente instinto de que qualquer bem não era apenas uma ferramenta a ser usada, mas uma relíquia a ser guardada, como os bens do navio de Crusoé, até mesmo aquele sussurro indômito de algo originalmente sábio, pois, de acordo com o cristianismo, éramos de fato os sobreviventes de um naufrágio, a tripulação de um navio de ouro que naufragou antes do começo do mundo.

Mas o importante foi que isso inverteu totalmente o motivo do otimismo. E, no instante em que a inversão foi feita, pareceu a

93 Figuras femininas esculpidas que, na fachada de uma construção, servem-lhe de colunas ou pilastras, sustentando uma arquitrave ou cornija. (N.T.)

abrupta facilidade com que um osso é colocado de volta no lugar. Eu costumava me chamar de otimista, para evitar a evidente blasfêmia do pessimismo. Mas todo o otimismo daquela época tinha sido falso e desalentador por este motivo: ele sempre tentava provar que nos encaixávamos no mundo. O otimismo cristão é baseado no fato de que *não* nos encaixamos no mundo. Eu tentara ser feliz dizendo a mim mesmo que o homem é um animal, como qualquer outro que buscou seu alimento em Deus. Mas agora eu realmente estava feliz, pois aprendi que o homem é uma monstruosidade. Eu estava certo em sentir todas as coisas como estranhas, pois eu mesmo era ao mesmo tempo pior e melhor que todas as coisas. O prazer do otimista era prosaico, pois residia na naturalidade de tudo; o prazer cristão era poético, pois residia na antinaturalidade de tudo à luz do sobrenatural. O filósofo moderno havia me dito repetidas vezes que eu estava no lugar certo, e eu continuava deprimido mesmo concordando. Mas ouvi dizer que eu estava no lugar *errado*, e minha alma cantou de alegria, como um pássaro na primavera. O conhecimento descobriu e iluminou câmaras esquecidas na casa escura da infância. Eu agora sabia por que a grama sempre me pareceu tão estranha quanto a barba verde de um gigante e por que eu podia sentir saudades de casa mesmo estando em casa.

CAPÍTULO VI

PARADOXOS DO CRISTIANISMO

O problema real deste nosso mundo não é que ele seja um mundo irracional, nem mesmo que seja razoável. O tipo mais comum de problema é que ele é quase razoável, mas não tanto. A vida não é uma ilogicidade; no entanto, é uma armadilha para os lógicos. Ela parece um pouco mais matemática e regular do que é; sua exatidão é óbvia, mas sua inexatidão está oculta; sua selvageria está à espreita. Dou um exemplo grosseiro do que quero dizer.

Suponha que alguma criatura matemática da Lua avalie o corpo humano; ela veria imediatamente que o essencial sobre ele é o fato de ser duplicado. Um homem é dois homens: o da direita se assemelha exatamente ao da esquerda. Após notar que havia um braço à direita e outro à esquerda, uma perna à direita e outra à esquerda, ela poderia seguir e ainda constatar em cada lado o mesmo número de dedos, o mesmo número de pés, olhos gêmeos, orelhas gêmeas, narinas gêmeas e até mesmo lóbulos gêmeos do cérebro. Por fim, ela tomaria esse padrão como lei; e assim, onde encontrasse um coração de um lado, deduziria haver outro coração do outro. E, exatamente aí, onde mais achasse que estava certo, ela estaria errada.

É esse silencioso desvio da precisão de um milímetro o elemento que é estranho em tudo. Parece uma espécie de traição secreta no universo. Uma maçã ou uma laranja é redonda o suficiente para ser chamada redonda, mas, no fim das contas, não é redonda. A Terra tem a forma de uma laranja a fim de, pelo engodo, levar algum astrônomo simplório a chamá-la de globo. A lâmina nas gramíneas recebe o nome em alusão à lâmina da espada, pois ambas terminam em ponta aguçada, mas não exatamente assim. Em todo lugar, as coisas têm esse elemento do quieto e incalculável. Ele escapa aos racionalistas, mas nunca escapa até o último momento. Da grande curva de nossa Terra poderia facilmente inferir-se que cada centímetro dela era igualmente curvo. Parece racional que, já que o homem tem um cérebro dos dois lados, ele devesse ter um coração dos dois lados. No entanto, os cientistas ainda estão organizando expedições para encontrar o Polo Norte, pois gostam muito de regiões planas. Os cientistas também ainda estão organizando expedições para encontrar o coração do homem, e, quando tentam encontrá-lo, geralmente encontram-no do lado errado.

Assim, a percepção ou a inspiração real é mais bem testada se adivinha essas malformações ocultas ou surpresas. Se nosso matemático da Lua visse os dois braços e as duas orelhas, ele poderia deduzir as duas omoplatas e as duas partes do cérebro. Mas, se ele adivinhasse que o coração do homem estava no lado direito, então eu deveria chamá-lo de algo além de matemático. E esta é exatamente a vindicação que venho propondo desde então para o cristianismo: que ele não apenas deduza verdades lógicas, mas que, quando ele subitamente se torna ilógico, tenha encontrado, por assim dizer, uma verdade ilógica. Ele não só acerta sobre as coisas, mas erra (se é possível falar assim) exatamente onde as coisas dão errado. Seu plano atende às irregularidades secretas e espera o inesperado. É simples sobre a verdade simples, mas é inflexível a respeito da verdade delicada. Ele admitirá que um homem tem duas mãos; ele não admitirá (embora todos os modernistas lamentem) a dedução óbvia de que tem dois corações. É meu único propósito neste capítulo apontar isto: mostrar que sempre que sentimos que há algo estranho na teologia cristã, geralmente achamos que há algo estranho na verdade.

Fiz alusão a uma frase sem sentido que diz que esse ou aquele credo não pode ser crido em nossa época. Claro, tudo pode ser crido em qualquer época. Mas, por estranho que pareça, há realmente um sentido em que um credo, se é que é crido, pode ser crido mais permanentemente em uma sociedade complexa do que em uma simples. Se um homem acha o cristianismo verdadeiro em Birmingham, ele tem razões mais claras para a fé do que se tivesse achado a verdade na Mércia[94]. Quanto mais complicada parece a coincidência, menos pode ser uma coincidência. Se flocos de neve caíssem na forma, digamos, do coração de Midlothian[95], poderia ser um acidente. Mas, se os flocos de neve caíssem na forma exata do labirinto de Hampton Court[96], penso que se poderia chamar isso de milagre.

É exatamente como um milagre assim que, desde então, sinto a filosofia do cristianismo. A complicação de nosso mundo moderno prova a verdade do credo com mais perfeição do que qualquer um dos problemas comuns das eras da fé. Foi em Notting Hill e Battersea[97] que comecei a ver que o cristianismo era verdadeiro. É por isso que a fé tem essa elaboração de doutrinas e de detalhes que tanto afligem aqueles que admiram o cristianismo sem crer nele. Quando alguém crê em um credo, tem orgulho da complexidade dele, assim como os cientistas se orgulham da complexidade da ciência. Essa complexidade mostra quão rica ela é em suas descobertas. Se algo é correto, é um elogio dizer que

---

94 Birmingham é cidade e distrito no centro-oeste da Inglaterra, fundada em 1166. Muito beneficiada pela Revolução Industrial, tem longa tradição de inovações, como, por exemplo, terem sido ali inventados o selo postal, o primeiro sistema postal universal e o plástico. Sua primeira universidade foi fundada em 1900. Mércia é o nome de um reino que existiu de 527 a 919 na região da atual Inglaterra. (N.T.)

95 Nome de um mosaico de granito colorido em formato de coração próximo ao Parlamento em Edimburgo, Escócia. É uma espécie de mapa, em que são indicados o lugar de pagamento de impostos, uma prisão, um centro administrativo e um local de execuções. Tem o nome do condado do qual Edimburgo era capital. (N.T.)

96 Labirinto de sebes construído entre 1689 e 1695 no antigo palácio real britânico, com mais de 200 mil m^2. (N.T.)

97 Ambos são bairros antigos e tradicionais de Londres, o primeiro na região centro-oeste e o segundo na região sudoeste, às margens do rio Tâmisa. (N.T.)

é elaboradamente correto. Um galho pode se encaixar em um buraco ou uma pedra se ajustar em uma concavidade por acidente. Mas uma chave e uma fechadura são complexas. E, se uma chave se encaixa em uma fechadura, você sabe que é a chave certa.

Mas essa intrincada precisão da coisa torna muito difícil fazer o que tenho de fazer agora: descrever esse acúmulo de verdade. É muito difícil para um homem defender algo de que ele está totalmente convencido. É relativamente fácil quando ele está apenas convencido de modo parcial. Ele está convencido de modo parcial porque encontrou essa ou aquela prova da coisa e pode expô-la. Mas um homem não está realmente convencido de uma teoria filosófica quando descobre algo que a prova. Ele só está realmente convencido quando acha que tudo a prova. E, quanto mais razões convergentes ele encontrar evidenciando essa convicção, mais desconcertado ficará se lhe for solicitado, repentinamente, que as resuma.

Assim, se alguém perguntasse a um homem inteligente comum, no impulso do momento: "por que você prefere a civilização à selvageria?", ele olharia descontroladamente para um objeto após outro e só conseguiria responder de maneira vaga: "porque... há aquela estante de livros... e as pedras de carvão no balde de carvão... e pianos... e policiais". Todo o argumento a favor da civilização é que o argumento a favor dela é complexo. Ela tem produzido muitas coisas. Mas é exatamente essa multiplicidade de provas que deveria tornar a resposta esmagadora que torna a resposta impossível.

Há, portanto, sobre toda completa convicção uma espécie de enorme impotência. A crença é tão grande que leva muito tempo para entrar em ação. E essa hesitação surge principalmente, por estranho que pareça, da indiferença em relação ao ponto do qual se deve começar. Todos os caminhos levam a Roma, e essa é uma das razões pelas quais muitas pessoas nunca chegam lá. No caso dessa defesa da convicção cristã, confesso que eu de pronto começaria o argumento com qualquer coisa: eu começaria com um nabo ou um táxi. Mas, se devo ser cuidadoso em deixar claro o que quero dizer, penso que será mais prudente continuar os argumentos do último capítulo, que tratava de insistir na primeira dessas coincidências, ou melhor, ratificações místicas.

Tudo o que eu ouvira sobre a teologia cristã até então me afastara dela. Eu era um pagão aos doze anos e um completo agnóstico aos dezesseis, e não consigo entender que alguém tenha passado pelos dezessete anos sem ter-se feito uma pergunta tão simples. De fato, mantive uma reverência imprecisa por uma divindade cósmica e um grande interesse histórico no Fundador do Cristianismo. Mas certamente eu O observava como homem, embora talvez achasse que, mesmo nesse ponto, Ele tinha uma vantagem sobre alguns de Seus críticos modernos.

Li a literatura científica e cética de minha época; pelo menos, tudo o que pude encontrar escrito em inglês e por longo tempo, e não li mais nada. Quer dizer, não li mais nada de qualquer outra linha de filosofia. Os jornais sensacionalistas que também li vinham, de fato, de uma tradição saudável e heroica do cristianismo, mas eu não sabia disso na época. Nunca li uma linha de apologética cristã. Leio agora o mínimo que posso a esse respeito.

Foram Huxley, Herbert Spencer e Bradlaugh[98] que me trouxeram de volta à teologia ortodoxa. Eles me semearam na mente as primeiras desajeitadas dúvidas sobre dúvidas. Nossas avós estavam muito certas quando disseram que Tom Paine[99] e os livre-pensadores perturbavam a mente. Eles o fazem. Eles perturbaram horrivelmente a minha. O racionalista me fez questionar se a razão tinha alguma utilidade; e, quando concluí Herbert Spencer, cheguei a duvidar (pela primeira vez) de que a evolução tivesse ocorrido. Assim que concluí as últimas

98 Charles Bradlaugh (1833-1891), ativista político e ateu inglês, fundador da National Secular Society [Sociedade Nacional Secular], organização que promove o secularismo e a separação entre Igreja e Estado. (N.T.)

99 Thomas Paine (1737-1809), ativista político, filósofo e revolucionário anglo-americano. Um dos Pais Fundadores dos Estados Unidos da América. (N.T.)

palestras ateístas do coronel Ingersoll[100], o terrível pensamento atravessou minha mente: "Ainda um pouco, e tu me persuades a fazer-me cristão"[101]. Eu estava em um caminho muito perigoso.

Esse estranho efeito dos grandes agnósticos em despertar dúvidas mais profundas do que as deles pode ser ilustrado de várias maneiras. Eu tomo apenas um. Ao ler e reler todos os relatos não cristãos ou anticristãos da fé, de Huxley a Bradlaugh, uma impressão lenta e terrível cresceu gradativa, mas vividamente, em minha mente: a impressão de que o cristianismo devia ser algo muitíssimo extraordinário. Pois não apenas (como eu entendi) o cristianismo tinha os vícios mais flamejantes, mas aparentemente tinha um talento místico para combinar entre si vícios que pareciam contraditórios. Ele foi atacado por todos os lados e por todas as razões contraditórias. Tão logo um racionalista demonstrava que o cristianismo tendia demais para o Oriente, outro demonstrava com igual clareza que ele tendia demais para o Ocidente. Tão logo minha indignação diminuíra com respeito às linhas angulosas e agressivas do cristianismo, fui chamado novamente a perceber e a condenar suas linhas arredondadas enervantes e sensuais. Caso algum leitor não tenha se deparado com aquilo a que me refiro, eu lhe darei uns exemplos aleatórios, dos quais me lembro, dessa autocontradição no ataque cético. Dou quatro ou cinco deles; há mais cinquenta.

Assim, por exemplo, fiquei muito comovido com o ataque eloquente ao cristianismo que o acusa de ser desumano e sombrio, pois eu considerava (e ainda considero) o pessimismo sincero o pecado imperdoável. O pessimismo insincero é uma realização social, mais agradável do que qualquer outra; e felizmente quase todo o pessimismo é insincero. Mas, se o cristianismo era, como essas pessoas disseram, uma coisa puramente pessimista e oposta à vida, então eu estava bem preparado para explodir a Catedral de São Paulo.

---

100 Robert G. Ingersoll (1833-1899), livre-pensador, orador e líder político americano. Embora de devota família cristã, tornou-se agnóstico e crítico da fé. (N.T.)

101 Atos 26.28. (N.T.)

Mas eis o que é extraordinário. Eles me provaram no Capítulo I (para minha completa satisfação) que o cristianismo era muito pessimista; e a seguir, no Capítulo II, começaram a me provar que era otimista demais. Uma acusação contra o cristianismo era que ele impedia que os homens, por meio de lágrimas e de terrores mórbidos, buscassem alegria e liberdade no seio da natureza. Mas outra acusação era que ele confortava os homens com uma providência fictícia e os colocava em um berçário rosa e branco.

Um grande agnóstico perguntou por que a natureza não era bonita o suficiente e por que era difícil ser livre. Outro grande agnóstico objetou que o otimismo cristão, "a vestimenta do faz-de-conta tecida por mãos piedosas", escondia de nós o fato de que a natureza era feia e que era impossível ser livre. Um racionalista dificilmente chamaria o cristianismo de pesadelo antes que outro começasse a chamá-lo de paraíso dos tolos. Isso me intrigou; as acusações pareciam contraditórias. O cristianismo não pode ser de uma só vez a máscara negra em um mundo branco e também a máscara branca em um mundo negro. O estado do cristão não podia ser ao mesmo tempo tão confortável que seria um covarde ao se apegar a ele e tão desconfortável que seria um tolo ao suportá-lo. Se o cristianismo alterou fraudulosamente a visão humana, deve alterá-la de uma de duas formas, não pode ao mesmo tempo usar óculos verdes e óculos cor-de-rosa. Eu tinha na ponta da língua com uma terrível alegria, assim como todos os jovens daquela época, os insultos que Swinburne lançou contra a desolação do credo:

"Tu venceste, ó pálido Galileu, o mundo ficou cinza com Tua respiração."[102]

---

102 Algernon Charles Swinburne (1837-1909), poeta, dramaturgo, romancista e crítico literário inglês, cujas obras tratam de temas como sadomasoquismo, lesbianismo, morte e antiteísmo. A citação é do *Hino à Proserpina*, deusa da terra e da agricultura. Nele, o autor lamenta que o cristianismo tenha expulsado o panteão de deuses. A frase, por sua vez, é citação das palavras atribuídas ao imperador romano Juliano, o Apóstata. A obra poética *Atalanta in Calydon* foi publicada em 1865. (N.T.)

Mas, quando li os relatos acerca do paganismo feitos pelo mesmo poeta (como em "Atalanta"), percebi que o mundo era, se possível, mais cinza antes que o Galileu nele houvesse respirado do que depois. O poeta sustentava, em verdade, de modo abstrato, que a própria vida era escura como breu; no entanto, afirma que, de alguma forma, o cristianismo é que a havia levado à escuridão. O próprio homem que denunciou o cristianismo de ser pessimista era ele próprio um pessimista. Pensei que deveria haver algo errado. E, em um momento irrefletido, cruzou minha mente o pensamento de que talvez esses não fossem os melhores juízes da relação entre religião e felicidade, uma vez que, eles mesmos, não tinham nem uma nem outra.

Deve ficar claro que não concluí de pronto que as acusações eram falsas ou que os acusadores eram tolos. Eu simplesmente deduzi que o cristianismo devia ser algo ainda mais estranho e mais chocante do que aquilo que eles haviam apresentado. Uma coisa pode ter esses dois vícios opostos, mas deve ser algo bem estranho se isso ocorrer. Um homem pode ser muito gordo em um lugar e muito magro em outro, mas ele teria uma forma estranha. Nesse momento, meus pensamentos focavam apenas a forma estranha da religião cristã; eu não conseguia citar nenhuma forma estranha na mente racionalista.

Aqui está outro exemplo do mesmo tipo. Senti que um argumento forte contra o cristianismo estava na acusação de que há algo tímido, monástico e indigno em tudo que é chamado de "cristão", de modo especial em sua atitude em relação à resistência e à luta. Os grandes céticos do século XIX eram bastante viris. Bradlaugh, de maneira expansiva, Huxley, de maneira reticente, eram decididamente homens. Em comparação, parecia razoável que os conselhos cristãos tivessem algo de fraqueza e resignação. O paradoxo do evangelho sobre dar a outra face, o fato de que os padres nunca lutaram, uma centena de coisas tornava plausível a acusação de que o cristianismo era uma tentativa de fazer o homem parecido com uma ovelha. Li isso e acreditei nisso, e, se não tivesse lido nada diferente, continuaria acreditando.

Mas li algo muito diferente. Fui para a página seguinte do meu manual agnóstico, e meu cérebro virou de cabeça para baixo. Ali descobri que eu deveria odiar o cristianismo não por ele lutar muito pouco, mas por lutar demais. O cristianismo, ao que parece, era a mãe das guerras. O cristianismo havia inundado o mundo com sangue. Eu estava completamente irado com o cristão porque ele nunca ficava irado. E agora me haviam dito para ficar com raiva dele porque a ira dele tinha sido a coisa mais imensa e horrível da história humana; porque sua ira encharcou a terra e escureceu o Sol com fumaça.

As mesmas pessoas que censuraram o cristianismo por causa da mansidão e da não resistência dos mosteiros foram as mesmas pessoas que o censuraram também pela violência e pela bravura das Cruzadas. Era culpa do pobre cristianismo antigo (de uma forma ou de outra) tanto o fato de Eduardo, o Confessor, não ter lutado quanto o de Ricardo Coração de Leão ter lutado[103]. Os quacres (nos disseram) eram os únicos cristãos característicos; e, contudo, os massacres de Cromwell e os de Alba[104] eram crimes cristãos característicos. O que tudo isso poderia significar? O que era esse cristianismo que sempre proibiu a guerra e sempre produziu guerras? Qual poderia ser a natureza da coisa de que alguém poderia abusar primeiramente porque ela não lutaria e, em segundo lugar, porque estava sempre lutando? Em que mundo de enigmas nasceu esse assassino monstruoso e essa humildade monstruosa? A forma do cristianismo se tornava uma forma cada vez mais estranha.

Apresento um terceiro caso; o mais estranho de todos, pois envolve a única objeção real à fé. A única objeção real à religião cristã é

---

103 Eduardo (c. 1003-1066), penúltimo rei anglo-saxão da Inglaterra, teve um reinado caracterizado por paz com os normandos, em nome da qual casou com a filha de seu mais irredutível adversário. Foi canonizado pelo papa Alexandre III em 1161. Ricardo I (1157-1199), rei da Inglaterra, recebeu a alcunha por causa de sua coragem, especialmente reconhecida em sua vitória sobre Saladino na Terceira Cruzada. (N.T.)

104 Oliver Cromwell (1599-1658), militar e líder político inglês. Tornou-se cristão puritano nos anos 1630. Foi o principal responsável pela condenação e posterior decapitação do rei Carlos I e considerado um genocida contra os católicos irlandeses. Fernando Álvarez de Toledo y Pimentel (1507-1582), o Gran Duque de Alba, militar e político espanhol. Foi especialmente cruel no tempo em que governou os Países Baixos, com a execução de mais de 18 mil pessoas. (N.T.)

simplesmente que ela é uma religião. O mundo é um lugar grande, cheio de tipos muito diferentes de pessoas. O cristianismo (seria razoável dizer) é algo confinado a um tipo de pessoa; começou na Palestina e praticamente parou na Europa.

Fiquei devidamente impressionado com esse argumento na juventude e fui muito atraído pela doutrina pregada com frequência nas Sociedades Éticas[105], refiro-me à doutrina de que existe uma grande igreja inconsciente de toda a humanidade fundada na onipresença da consciência humana. Credos, diziam, dividiam os homens, mas a moral ao menos os unia. A alma pode ir para as terras e as eras mais estranhas e mais remotas e ainda lá encontrar um senso comum ético essencial. Ela poderia encontrar Confúcio[106] sob as árvores orientais, e ele estaria escrevendo: "não roubarás". Ela poderia decifrar o mais obscuro hieróglifo do deserto mais primitivo, e o significado, quando decifrado, seria: "meninos devem dizer a verdade".

Acreditei nessa doutrina da irmandade de todos os homens na posse de um senso moral, e ainda acredito nisso, juntamente com outras coisas. E eu estava completamente aborrecido com o cristianismo por sugerir (conforme eu supunha) que todas as eras e todos os impérios dos homens haviam escapado de modo absoluto dessa luz da justiça e da razão. Mas, então, descobri algo surpreendente. Descobri que as mesmas pessoas que diziam que a humanidade era uma igreja de Platão a Emerson[107] eram as mesmas pessoas que diziam que a moralidade havia mudado completamente e que aquilo que era certo em uma época era errado em outra. Se eu pedisse, por exemplo, um altar, me diriam que não precisávamos de nenhum, pois os homens nossos irmãos

---

105 O movimento ético tem raízes no séc. XVIII e firmou-se no final do séc. XIX. Propunha-se a responder às crises religiosas da época por meio de fortes princípios morais na vida pessoal e nas relações sociais. (N.T.)

106 Confúcio (551 a.C.-479 a.C.), pensador e filósofo chinês, ensinava, entre outras virtudes, que a construção do caráter era mais importante que o mero acúmulo de conhecimento. (N.T.)

107 Ralph Waldo Emerson (1803-1882), ensaísta, filósofo e poeta americano, criador do transcendentalismo, que defendia encontrar a essência do homem, o eu essencial, por meio de introspecção, um mergulho interior constante. (N.T.)

nos davam oráculos claros e um credo por meio de seus costumes e ideais universais. Mas, se eu discretamente mostrasse que um dos costumes universais dos homens era ter um altar, meus professores agnósticos iriam então claramente para a posição oposta e me diriam que os homens sempre estiveram na escuridão e nas superstições dos selvagens.

Descobri que seu insulto diário contra o cristianismo era ser este a luz de um povo e ter deixado todos os outros para morrer no escuro. Mas também descobri que eles se orgulhavam especialmente de que a ciência e o progresso foram a descoberta de um povo e que todos os outros povos haviam morrido no escuro. Seu principal insulto ao cristianismo era, na verdade, o principal elogio para si mesmos, e parecia haver uma estranha injustiça em relação a toda a insistência relativa que faziam nas duas afirmações. Ao considerar algum pagão ou agnóstico, temos de lembrar que todos os homens têm uma religião; quando consideramos algum místico ou espiritualista, temos de considerar apenas as religiões absurdas que alguns homens têm. Podemos confiar na ética da Epiteto[108], porque a ética nunca mudou. Não devemos confiar na ética de Bossuet[109], porque a ética mudou. Ela mudou em duzentos anos, mas não em dois mil.

Isso começou a ficar alarmante. Já não parecia tanto que o cristianismo era ruim o suficiente para incluir quaisquer vícios, mas sim que algum bastão era bom o suficiente para bater no cristianismo. Quão mais surpreendente essa coisa poderia ser a ponto de as pessoas estarem tão ansiosas em contradizê-la que, ao fazê-lo, não se importavam em se contradizer? Vi a mesma coisa por todos os lados. Não posso dar mais espaço a essa discussão em detalhes; mas, para

---

108 Epiteto (55-135), ainda como escravo, ouviu as prédicas do filósofo estoico Caio Musônio Rufo. Após obter a liberdade, passou a ensinar filosofia em Roma, onde permaneceu por 25 anos. Ele dizia que é preciso ter clareza sobre o que era e o que não era controlável, a fim de modificar o que era possível mudar e aceitar o que não era. É considerado, ao lado de Marco Aurélio e de Sêneca, o mais importante filósofo estoico. (N.T.)

109 Jacques-Bénigne Bossuet (1627-1704), bispo e teólogo francês, defendia o absolutismo por direito divino: os reis recebiam poder de Deus para governar. (N.T.)

que ninguém suponha que eu tenha selecionado injustamente três casos acidentais, discorrerei brevemente sobre alguns outros.

Certos céticos escreveram que o grande crime do cristianismo foi seu ataque à família: ele arrastara mulheres para a solidão e a contemplação do claustro, longe do lar e dos filhos. Mas, então, outros céticos (um pouco mais avançados) disseram que o grande crime do cristianismo era impor a família e o matrimônio a nós; que ele condenara as mulheres ao trabalho penoso do lar e dos filhos, proibindo-lhes a solidão e a contemplação. A acusação foi realmente invertida.

Ou certas frases nas Epístolas ou na cerimônia matrimonial foram citadas pelos anticristãos para mostrar o desprezo que há pelo intelecto da mulher. Mas descobri que os próprios anticristãos tinham um desprezo pelo intelecto da mulher, pois sua grande zombaria pela igreja na Europa era que "apenas mulheres" a frequentavam. Ou ainda: o cristianismo era reprovado por seus hábitos de privação e de pobreza, pelo pano de saco e pelas ervilhas secas. Mas, no minuto seguinte, o cristianismo estava sendo reprovado por sua pompa e por seu ritualismo, por seus santuários de pórfiro e suas vestes de ouro. Foi acusado por ser muito simples e por ser muito colorido.

Em outro aspecto ainda, o cristianismo sempre foi acusado de restringir demais a sexualidade, quando Bradlaugh, o malthusiano, descobriu que a restringia muito pouco. O cristianismo é frequentemente acusado ao mesmo tempo de respeitabilidade afetada e de extravagância religiosa. Entre as capas do mesmo panfleto ateísta, encontrei a fé repreendida por sua desunião: "um pensa uma coisa, e outro, outra", e repreendida também por sua união: "é a diferença de opinião que impede o mundo de ser jogado aos cães". Na mesma conversa, um livre-pensador, amigo meu, culpou o cristianismo por desprezar os judeus, e então desprezou a si mesmo por ser judeu.

Procurei ser bastante justo antes, e procurarei ser bastante justo agora: não concluí que o ataque ao cristianismo estava de todo errado. Só concluí que, se o cristianismo estava errado, estava de fato muito errado. Tais horrores hostis podem ser combinados em uma coisa, mas essa coisa deve ser muito estranha e solitária. Há homens que são avarentos e também esbanjadores, mas eles são raros. Há homens sensuais e também ascéticos, mas eles são raros. Mas, se essa massa de contradições loucas realmente existia (quacre e sedento de sangue; muito lindo e muito maltrapilho; austero, mas favorecendo de modo ignóbil e absurdo a luxúria dos olhos; o inimigo das mulheres e o leviano amparo delas; um solene pessimista e um tolo otimista), se esse mal existia, então havia nesse mal algo bastante supremo e único. Pois não encontrei em meus professores racionalistas nenhuma explicação para essa excepcional maldade. O cristianismo (teoricamente falando) era, aos olhos deles, apenas um dos mitos e erros comuns dos mortais. *Eles* não me deram nenhuma chave para essa maldade distorcida e antinatural. Tal paradoxo do mal subiu à estatura do sobrenatural. Era, de fato, quase tão sobrenatural quanto a infalibilidade do papa. Uma instituição histórica que nunca deu certo é realmente um milagre tanto quanto uma instituição que não pode dar errado. A única explicação que imediatamente me ocorreu foi que o cristianismo não veio do céu, mas do inferno. Realmente, se Jesus de Nazaré não era Cristo, Ele deve ter sido o Anticristo.

E então, em uma hora quieta, um pensamento estranho me atingiu como um raio sereno. De modo repentino, veio a minha mente outra explicação. Suponha que ouçamos muitos homens descreverem um homem desconhecido. Imagino que ficaríamos intrigados ao ouvir alguns deles dizerem que o homem era muito alto e, alguns, que era muito baixo; alguns desaprovando sua gordura, alguns lamentando sua magreza; alguns achando que ele era muito sombrio, e alguns, muito cortês. Uma explicação (como já foi admitido) seria que ele tem uma forma estranha. Mas há outra explicação. Ele pode ter a forma correta. Homens excessivamente altos podem achar que ele é baixo. Homens muito baixos podem achar que ele é alto. Velhos amigos que estão ficando robustos podem considerá-lo insuficientemente preenchido; velhos galanteadores que estão ficando magros podem achar que ele se expandiu para além das estreitas linhas da elegância. Talvez os suecos (que têm cabelos claros como o linho) o considerassem um homem negro, enquanto os negros o considerassem obviamente distintamente loiro. Talvez (em suma) essa coisa extraordinária seja realmente a coisa comum; pelo menos a coisa normal, o centro.

Pode ser que, afinal de contas, o cristianismo seja são e todos os seus críticos sejam loucos, de várias maneiras. Testei essa ideia perguntando a mim mesmo se havia alguma coisa mórbida com algum dos acusadores que pudesse explicar a acusação. Fiquei surpreso ao descobrir que essa chave encaixava em uma fechadura. Por exemplo, era certamente estranho que o mundo moderno acusasse o cristianismo ao mesmo tempo de austeridade corporal e de pompa artística. Mas também era estranho, muito estranho, que o mundo moderno combinasse ele próprio luxo corporal extremo com extrema ausência de pompa artística. O homem moderno considerava as vestes de Becket[110] muito ricas e suas refeições muito pobres. Mas o homem moderno apareceu de modo realmente excepcional na história, pois nenhum homem antes comeu esses jantares elaborados com essas roupas feias.

O homem moderno considerou a igreja simples demais onde a vida moderna é complexa demais; ele considerou a igreja muito linda exatamente onde a vida moderna é muito suja. O homem que não gostava dos jejuns e das festas era louco por canapés. O homem que não gostava das vestes sacerdotais usava um par de calças ridículo. E, certamente, se havia alguma insanidade envolvida no assunto, ela estava nas calças, não no simples manto que caía. Se havia alguma insanidade, ela estava nos canapés extravagantes, não no pão e no vinho.

Examinei todos os casos e descobri que, até aqui, a chave se encaixa sempre. O fato de Swinburne estar irritado com a infelicidade dos cristãos e, ainda assim, mais irritado com a felicidade deles era facilmente explicado. Isso não era mais uma complicação de doenças no cristianismo, mas uma complicação de doenças em Swinburne.

110 Thomas Becket (1118-1170) foi arcebispo de Cantuária entre 1162 e 1170. É tido como mártir e santo pela Igreja Católica. (N.T.)

As restrições dos cristãos o entristeciam simplesmente porque ele era mais hedonista do que um homem saudável deveria ser. A fé dos cristãos irritou-o porque ele era mais pessimista do que um homem saudável deveria ser. Da mesma forma, os malthusianos atacaram o cristianismo por instinto, não porque haja algo de particularmente antimalthusiano no cristianismo, mas porque há algo um tanto anti-humano no malthusianismo.

No entanto, eu não achava ser verdade que o cristianismo fosse meramente sensato e permanecia em uma posição de equilíbrio. Havia realmente nele um elemento de ênfase e até de frenesi que justificava os secularistas em sua crítica superficial. Ele talvez fosse sábio; comecei a pensar mais e mais que ele era sábio, mas não meramente sábio segundo o mundo, ele não era meramente temperado e respeitável. Seus ferozes cruzados e mansos santos podiam equilibrar uns aos outros; ainda assim, os cruzados eram muito ferozes e os santos eram muito mansos, mansos além de toda decência.

E foi exatamente nesse ponto da especulação que lembrei meus pensamentos sobre o mártir e o suicida. Naquele assunto, havia essa combinação entre duas posições quase insanas que, apesar disso, de certa forma, equivaliam à sanidade. Essa era apenas outra contradição, e eu já havia descoberto que era verdade. Esse foi exatamente um dos paradoxos pelo qual os céticos consideraram o credo errado; e nele eu descobri que o credo está certo. Por mais loucamente que os cristãos possam amar o mártir ou odiar o suicida, eles nunca sentiram essas paixões mais loucamente do que eu as havia sentido muito antes de sonhar com o cristianismo.

Então, a parte mais difícil e interessante do processo mental se abriu, e comecei a delinear essa ideia obscuramente ao longo de todos os enormes pensamentos de nossa teologia. A ideia era a que eu havia delineado referindo-me ao otimista e ao pessimista: não queremos um amálgama ou uma conciliação, mas ambas as coisas funcionando com o máximo de sua energia, amor e ira, ambos queimando. Aqui vou apenas traçá-la em relação à ética. Mas não preciso lembrar ao leitor que a ideia dessa combinação é, de fato, central na teologia ortodoxa. Pois a teologia ortodoxa tem insistido especialmente em que Cristo era não um ser separado de Deus e do homem, como um elfo, nem um ser metade humano e metade não humano, como um centauro, mas ambas as coisas ao mesmo tempo e ambas as coisas completamente: homem mesmo e Deus mesmo. Agora, deixe-me delinear essa noção como eu a descobri.

Todos os homens sensatos podem ver que a sanidade é um tipo de equilíbrio; que uma pessoa pode ser louca e comer demais ou louca e comer muito pouco. Alguns modernos apareceram, de fato, com versões vagas de progresso e evolução que buscam destruir o *meson* ou equilíbrio de Aristóteles[111]. Eles parecem sugerir que estamos destinados a morrer de fome progressivamente, ou que tomaremos cafés da manhã mais lautos diariamente para sempre. Mas o grande truísmo do *meson* permanece para todos os homens que pensam, e essas pessoas não perturbaram nenhum equilíbrio, exceto o seu próprio. Todavia, desde que tenhamos todos alcançado um equilíbrio, o interesse real está na questão: como esse equilíbrio pode ser mantido? Esse foi o problema que o paganismo tentou resolver; esse foi o problema que, penso eu, o cristianismo resolveu, e resolveu de uma maneira muito estranha.

O paganismo declarou que a virtude estava no equilíbrio; o cristianismo declarou que ela estava em um conflito: a colisão de duas paixões aparentemente opostas. Claro que elas não eram de fato incompatíveis, mas eram de tal tipo que era difícil mantê-las simultaneamente. Vamos seguir por um momento a pista do mártir e do suicida e tomar o exemplo da coragem. Nenhuma qualidade jamais desorientou tanto o cérebro e enredou as definições de sábios meramente racionais. A coragem é quase uma contradição em termos. Significa um forte desejo de viver tomando a forma de uma prontidão

111 O filósofo grego ensinava que a virtude estava no meio (*meson*), no equilíbrio entre o excesso e a falta, os quais deveriam ser sempre evitados.

para morrer. "O que perder sua vida a salvará"[112] não é uma dose de misticismo para santos e heróis. É um conselho diário para marinheiros ou montanhistas. Pode ser impresso em um guia de alpinismo ou em um manual de instruções. Esse paradoxo é todo o princípio da coragem, mesmo da coragem bastante terrena ou bastante brutal. Um homem isolado pelo mar pode salvar a vida se arriscá-la no precipício.

Ele só pode se afastar da morte por pisar continuamente em um centímetro dela. Um soldado cercado por inimigos, se quiser escapar, precisa combinar um forte desejo de viver com uma estranha despreocupação com respeito à morte. Ele não deve simplesmente se apegar à vida, pois assim será um covarde e não escapará. Ele não deve simplesmente esperar pela morte, pois assim será um suicida e não escapará. Ele deve buscar a vida em um espírito de furiosa indiferença a ela; ele deve desejar a vida como água e ainda beber a morte como vinho.

Nenhum filósofo, imagino, jamais expressou esse enigma romântico com a lucidez adequada, e eu certamente não o fiz. Mas o cristianismo fez mais: marcou os limites dele nas terríveis sepulturas do suicida e do herói, mostrando a distância entre aquele que morre por causa da vida e aquele que morre por causa da morte. E ele tem exposto, desde sempre, acima das lanças europeias, a bandeira do mistério da cavalaria: a coragem cristã, que é um desdém da morte; não a coragem chinesa, que é um desdém da vida.

E agora comecei a considerar que essa paixão dúplice era a chave cristã para a ética em todos os aspectos. Em todos os aspectos, o credo fez uma moderação a partir do calmo impacto de duas emoções impetuosas. Tomemos, por exemplo, a questão da modéstia, do equilíbrio entre o mero orgulho e a mera prostração. O pagão médio, assim como o agnóstico médio, diria apenas que estava contente consigo mesmo, mas não insolentemente autossatisfeito, que havia muitos melhores e muitos piores, que seus merecimentos eram

112 Lucas 9.24.

limitados, mas trataria de tê-los. Em resumo, ele andaria com a cabeça no ar, mas não necessariamente com o nariz no ar.

Essa é uma posição masculina e racional, mas está aberta à objeção que observamos contra o compromisso entre otimismo e pessimismo: a "resignação" de Matthew Arnold. Por ser uma mistura de duas coisas, ela é uma diluição de duas coisas: nenhuma delas está presente em sua força plena nem contribui com sua cor plena. Esse orgulho característico não eleva o coração como o soar das trombetas; você não pode vestir carmesim e ouro por ele.

Por outro lado, essa mediana modéstia racionalista não limpa a alma com fogo e não a torna clara como o cristal; ela não cria (como uma humildade estrita e perspicaz) um homem como uma criança, que pode se sentar na grama. Não o faz olhar para cima e ver maravilhas; Alice deve ficar pequena se quiser ser Alice no País das maravilhas. Assim, essa modéstia perde tanto a poesia de ser orgulhosa como a poesia de ser humilde. O cristianismo procurou, por meio desse mesmo estranho expediente, salvar ambos.

Ele separou as duas ideias e depois exagerou ambas. Por um lado, o Homem deveria ser mais arrogante do que jamais fora antes; de outro, ele deveria ser mais humilde do que jamais fora antes. Por eu ser Homem, sou a principal das criaturas. Por eu ser homem, sou o principal dos pecadores. Toda a humildade que significava pessimismo, que significava que o homem tinha uma visão vaga ou mesquinha de todo o seu destino, tudo isso tinha de partir. Não ouviríamos mais o lamento de Eclesiastes de que a humanidade não tinha preeminência sobre o animal[113] ou o terrível grito de Homero de que o homem era apenas o mais triste de todos os animais do campo[114]. O Homem era uma estátua de Deus andando pelo jardim. O Homem tinha preeminência sobre todos os animais; o homem só ficou triste por não ser uma besta, mas um deus quebrado. Os gregos haviam falado de homens rastejando na

113 Eclesiastes 3.18-21. (N.T.)

114 Não é uma citação específica de Homero, mas a conclusão a que suas obras *Ilíada* e *Odisseia* levam. (N.T.)

terra, como se estivessem agarrados a ela. Agora o Homem deveria pisar na terra como se quisesse subjugá-la.

Desse modo, o cristianismo defendia um pensamento a respeito da dignidade do homem que só poderia ser expresso na forma de coroas cintilantes como o Sol e leques de plumagem de pavão. No entanto, ao mesmo tempo, ele podia defender um pensamento a respeito da abjeta pequenez do homem que só podia ser expresso em jejum e fantástica submissão, nos restos cinza de São Domingos[115] e nas neves brancas de São Bernardo[116]. Quando alguém pensou no *próprio ego*, encontrou uma vista e um vazio suficientes para qualquer quantidade de abnegação sombria e de verdade amarga. Lá, o cavalheiro realista podia se deixar levar, contanto que se deixasse levar para si mesmo. Havia um parquinho infantil aberto para o feliz pessimista. Deixe-o dizer qualquer coisa contra si mesmo, quase blasfemando do objetivo original de seu ser; deixe-o chamar-se de tolo e até mesmo de tolo maldito (embora isso seja calvinista); mas ele não deve dizer que os tolos não são dignos de serem salvos. Ele não deve dizer que um homem, *qua*[117] homem, pode ser sem valor. Aqui, mais uma vez de modo resumido, o cristianismo superou a dificuldade de combinar opostos furiosos por manter os dois, e manter os dois furiosos. A Igreja era positiva em ambos os pontos: dificilmente se pode pensar muito pouco em si mesmo; dificilmente se pode pensar muito na própria alma.

Tomemos outro exemplo: a complicada questão da caridade, que alguns idealistas muitíssimo pouco caridosos parecem considerar bastante simples. A caridade é um paradoxo, como modéstia e coragem. Declarada sem rodeios, a caridade certamente significa uma de duas coisas: perdoar atos imperdoáveis ou amar pessoas que

---

115 Domingos de Gusmão (1170–1221), fundador da Ordem dos Pregadores (dominicanos). Foi canonizado em 1234. (N.T.)

116 Bernardo de Claraval (1090–1153), abade francês, da Ordem Cisterciense, um dos Doutores da Igreja, foi canonizado em 1174. (N.T.)

117 Termo latino: "na posição de". (N.T.)

não são amáveis. Mas, se nos perguntarmos (como fizemos no caso do orgulho) o que um pagão sensato pensaria sobre esse assunto, provavelmente teríamos de começar pelos fundamentos.

Um pagão sensato diria que há pessoas que se poderia perdoar e algumas que não se poderia: um escravo que roubasse vinho poderia ser ridicularizado; um escravo que traísse seu benfeitor poderia ser morto e, mesmo depois de morto, amaldiçoado. À medida que o ato fosse perdoável, o homem seria perdoável. Isso é racional, e mesmo agradável, mas é uma diluição. Não deixa lugar para um puro horror à injustiça, como aquilo que é uma grande beleza no inocente. E não deixa lugar para uma mera ternura pelos homens como homens, tal como é o fascínio completo do caridoso.

O cristianismo manifestou-se aqui como antes. Ele veio de forma surpreendente com uma espada e apartou uma coisa da outra. Ele separou o crime do criminoso. Ao criminoso devemos perdoar até setenta vezes sete. A nem todo crime devemos perdoar. Não era suficiente que os escravos que roubavam vinho inspirassem em parte raiva e em parte bondade. Devemos estar muito mais irados com o roubo do que antes e, ainda assim, ser muito mais gentis com os ladrões do que antes. Havia lugar para a ira e o amor correrem soltos. E, quanto mais eu considerava o cristianismo, mais eu descobria que, embora ele tivesse estabelecido uma regra e uma ordem, o principal objetivo dessa ordem era dar espaço para coisas boas correrem soltas.

A liberdade mental e a emocional não são tão simples quanto parecem. Realmente, elas exigem um equilíbrio quase tão cuidadoso de leis e condições quanto a liberdade social e política. O anarquista estético comum, que se propõe a pensar em tudo livremente, por fim fica amarrado em um paradoxo que o impede de pensar de qualquer modo. Ele rompe com os limites da casa para seguir a poesia. Mas, ao deixar de sentir os limites do lar, ele deixou de sentir a *Odisseia*. Ele está livre de preconceitos nacionais e de patriotismo externo. Mas, estando fora do patriotismo, ele está fora de *Henrique V*. Esse homem literário está simplesmente fora de toda literatura: ele é mais prisioneiro do que qualquer fanático. Pois, se há um muro entre você e o mundo, faz pouca diferença se você se descreve como alguém encerrado dentro ou encerrado fora.

O que queremos não é a universalidade que está fora de todos os sentimentos normais; nós queremos a universalidade que está dentro de todos os sentimentos normais. É essa a diferença entre estar livre deles como um homem está livre de uma prisão e estar livre deles como um homem está livre de uma cidade. Estou livre do Castelo de Windsor (ou seja, não estou detido lá à força), mas de modo algum estou livre daquele prédio.

Como pode o homem estar aproximadamente livre de emoções sutis e ser capaz de lidar com elas em um espaço desimpedido, sem ruptura ou erro? *Essa* foi a conquista desse paradoxo cristão das paixões paralelas. Assumido o dogma primário da guerra entre o divino e o diabólico, a revolta e a ruína do mundo, seu otimismo e seu pessimismo, como pura poesia, poderiam ser soltos como cataratas.

São Francisco[118], ao elogiar todo o bem, poderia ser mais otimista do que Walt Whitman[119]. São Jerônimo[120], ao denunciar todo o mal, poderia pintar o mundo em tons mais sombrios que Schopenhauer. Ambas as paixões eram livres porque ambas eram mantidas em seu lugar. O otimista poderia se derramar em elogios ao que gostava na alegre música da marcha, as trombetas douradas e os estandartes roxos indo para a batalha. Mas ele não podia chamar a luta de desnecessária. O pessimista poderia descrever tão sombriamente quanto preferisse as repugnantes marchas ou as feridas ensanguentadas. Mas ele não podia chamar a luta de sem esperança.

---

118 Provável referência a Francisco de Assis, uma vez que há pelo menos sete Franciscos que foram canonizados pela Igreja Católica. Giovanni di Pietro di Bernardone, mais tarde São Francisco de Assis (c. 1181–1226), frade italiano, fundou a ordem dos Frades Menores, comumente conhecidos por Franciscanos. (N.T.)

119 Walt Whitman (1819–1892), poeta e jornalista americano, tido como o "pai do verso livre e da poesia moderna". Defendia a abolição da escravatura, o amor livre e os direitos da mulher. (N.T.)

120 Eusébio Sofrônio Jerônimo (347–420), sacerdote católico e Doutor da Igreja, traduziu a Bíblia para o latim (a versão conhecida por Vulgata). (N.T.)

Assim foi com todos os outros problemas morais: com o orgulho, com o protesto e com a compaixão. Ao definir sua doutrina principal, a Igreja não só manteve as coisas aparentemente contraditórias lado a lado, mas, o que é mais impressionante, permitiu-lhes manifestarem-se em uma espécie de violência artística de outra forma possível apenas para os anarquistas. A mansidão tornou-se mais dramática que a loucura. O cristianismo histórico transformou-se em um alto e estranho *coup de théâtre*[121] da moralidade: coisas que estão para a virtude como os crimes de Nero estão para o vício. Os espíritos de indignação e de caridade assumiram formas terríveis e atraentes, que vão da ferocidade monacal que açoitou como a um cão o primeiro e maior dos Plantagenetas[122] até a sublime piedade de Santa Catarina[123], que, no matadouro oficial, beijou a ensanguentada cabeça do criminoso.

A poesia poderia ser encenada bem como composta. Essa maneira heroica e monumental na ética havia desaparecido completamente com a religião sobrenatural. Eles, sendo humildes, podem desfilar, mas nós somos orgulhosos demais para ser proeminentes. Nossos professores éticos escrevem razoavelmente sobre a reforma prisional, mas não é provável que vejamos o sr. Cadbury[124], ou qualquer eminente filantropo, entrar em Reading Gaol e abraçar o cadáver estrangulado antes de ser lançado na cal viva. Nossos professores éticos escrevem brandamente contra o poder dos milionários, mas não é provável que vejamos o sr. Rockefeller[125], ou qualquer tirano moderno, ser publicamente chicoteado na Abadia de Westminster.

---

121 Francês: "golpe de teatro, peripécia". Expressão usada para designar acontecimento imprevisto, alteração súbita de uma situação, como a que pode acontecer em uma peça teatral. (N.T.)

122 Dinastia que reinou na Inglaterra de 1154 a 1399. (N.T.)

123 Catarina Benincasa de Siena (1347–1380), filósofa e teóloga italiana. Era da Ordem Terceira dos Dominicanos. O fato relatado pelo autor deu-se em 1375, quando Catarina acompanhou ao patíbulo um jovem prisioneiro político, Niccolò di Tuldo, condenado sem direito a defesa, para a decapitação e cuja cabeça, a seguir, tomou piedosamente entre as mãos.

124 John Cadbury (1801–1889), fundador da fábrica de chocolate inglesa que leva o sobrenome da família. Por ser quacre, lutou contra os males sociais e se tornou conhecido pela filantropia. Até hoje, a empresa doa mais de 10% de seus lucros para a caridade. (N.T.)

125 John Davison Rockefeller (1839-1937), investidor e empresário americano, fez fortuna com petróleo. É considerado o homem mais rico da história. (N.T.)

Assim, a dupla acusação dos secularistas, embora tragam apenas escuridão e confusão sobre eles mesmos, lança uma luz real sobre a fé. É verdade que a Igreja histórica enfatizou ao mesmo tempo o celibato e a família; ela, ao mesmo tempo (se é que se pode colocar dessa forma), foi tão ferozmente a favor de se ter filhos e tão ferozmente a favor de não se ter filhos. Ela manteve ambas as posições lado a lado como duas cores fortes, vermelho e branco, como o vermelho e o branco sobre o escudo de São Jorge. Ela sempre teve um ódio saudável do rosa. Ela odeia essa combinação de duas cores que é o expediente fraco dos filósofos. Ela odeia essa evolução do preto para o branco, que é a mesma coisa que um cinza sujo. De fato, toda a teoria da Igreja sobre a virgindade pode ser simbolizada na afirmação de que o branco é uma cor, não apenas a ausência de uma cor.

Tudo o que estou apresentando com insistência aqui pode ser expresso por dizer que o cristianismo procurou, na maioria dos casos, manter duas cores coexistentes, mas puras. Não é uma mistura como castanho ou púrpura; é mais como tafetá, pois o tafetá tem sempre ângulos retos e está no padrão da cruz.

O mesmo ocorre também, naturalmente, com as acusações contraditórias dos anticristãos sobre submissão e matança. *É* verdade que a Igreja disse a alguns homens que lutassem e a outros que não lutassem, e *é* verdade que aqueles que lutaram eram como relâmpagos e aqueles que não lutaram eram como estátuas. Tudo isso significa simplesmente que a Igreja preferiu usar seus Super-homens e usar seus tolstoianos. Deve haver *alguma* coisa boa na vida de batalha, pois muitos homens bons apreciam ser soldados. Deve haver *alguma* coisa boa na ideia de não resistência, pois muitos homens bons parecem apreciar serem quacres. Tudo o que a Igreja fez (até onde pôde) foi impedir que qualquer uma dessas coisas boas desalojasse a outra. Elas existiram lado a lado.

Os tolstoianos, tendo todas as hesitações dos monges, simplesmente se tornaram monges. Os quacres se tornaram um clube em vez de se tornarem uma seita. Os monges disseram tudo o que Tolstói diz;

derramaram lamentações lúcidas sobre a crueldade das batalhas e a vaidade da vingança. Mas os tolstoianos não estão certos o suficiente para governar o mundo inteiro; e, nas eras da fé, não lhes foi permitido governá-lo. O mundo não perdeu o último encargo dado a sir James Douglas[126] ou o estandarte de Joana, a Donzela[127]. E às vezes essa pura gentileza e essa pura ferocidade se encontravam e justificavam sua junção; o paradoxo de todos os profetas foi cumprido e, na alma de São Luís[128], o leão deitou-se com o cordeiro[129].

Mas lembre-se de que esse texto é interpretado de modo muito leviano. É constantemente afirmado, especialmente em nossas tendências tolstoianas, que, quando o leão se deita com o cordeiro, o leão se torna semelhante a um cordeiro. Mas isso é brutal anexação e imperialismo por parte do cordeiro. Isso é simplesmente o cordeiro absorvendo o leão em vez de o leão comendo o cordeiro. O verdadeiro problema é: o leão pode deitar-se com o cordeiro e ainda reter sua imperial ferocidade? *Esse* é o problema em que a Igreja se aventurou; *esse* é o milagre que ela conseguiu.

Foi a isso que chamei de solucionar as excentricidades ocultas da vida. Isso é saber que o coração de um homem está à esquerda, e não no meio. Isso é saber não apenas que a Terra é redonda, mas saber

---

126 James Douglas, também conhecido por Good Sir James e o Black Douglas (c. 1286-1330), cavaleiro e lorde feudal escocês, um dos principais líderes militares durante a Guerra da Independência Escocesa. Segundo alguns autores, pouco antes de morrer, Robert Bruce (1274-1329), rei da Escócia, que liderou seu país durante aquela guerra, pediu a James, seu amigo e tenente, que seu coração fosse levado em uma batalha contra os "inimigos de Deus", os muçulmanos, como sinal de seu desejo não atendido de entrar na cruzada. Quando Bruce morreu, seu coração foi tirado do corpo e colocado em uma urna de prata, a qual sir James carregava no pescoço. Morreu em batalha contra os mouros, cumprindo o pedido de Bruce. (N.T.)

127 Joana D'arc (1412-1431), heroína francesa que comandou exércitos contra a Inglaterra na Guerra dos Cem Anos (1337-1453). Portando um estandarte branco (em algumas lendas, ele teria símbolos cristãos), encorajou os soldados na vitória sobre Orleans em 1429. Queimada viva pelos ingleses, foi canonizada em 1920. (N.T.)

128 Luís IX (1214-1270) foi coroado rei da França com 21 anos. Era católico devoto, conhecido como rei extremamente justo, caridoso e atento às necessidades dos pobres e dos doentes. Foi canonizado em 1297. (N.T.)

129 Referência a Isaías 11.6. (N.T.)

exatamente onde ela é plana. A doutrina cristã detectou as esquisitices da vida. Não só descobriu a lei, mas previu as exceções. Os que menosprezam o cristianismo dizem que ele descobriu a misericórdia; qualquer um pode descobrir misericórdia. Na verdade, todos o fizeram. Mas descobrir um intento para ser misericordioso e também severo foi *antecipar* uma estranha necessidade da natureza humana. Pois ninguém quer ser perdoado por um grande pecado como se fosse um pequeno. Qualquer um pode dizer que não devemos ser nem muito infelizes nem muito felizes. Mas descobrir até que ponto alguém *pode* ser muito infeliz sem lhe tornar impossível ser feliz foi uma descoberta na psicologia. Qualquer um pode dizer: "nem se vangloriar nem se rebaixar", e haveria um limite. Mas dizer: "aqui você pode se vangloriar e ali você pode se rebaixar" foi uma emancipação.

Este foi o grande fato com respeito à ética cristã: a descoberta do novo equilíbrio. O paganismo tinha sido como um pilar de mármore, ereto porque proporcionado com simetria. O cristianismo era como uma rocha enorme e irregular e romântica, que, embora oscile sobre o pedestal em resposta a um toque, ainda está, porque suas excrescências exageradas se equilibram de modo exato entre si, entronizada ali há mil anos.

Em uma catedral gótica, as colunas eram todas diferentes, mas eram todas necessárias. Cada apoio parecia um apoio acidental e fantástico; cada botaréu era um botaréu suspenso. Do mesmo modo, na cristandade aparentes acidentes se equilibram. Becket[130] usava uma camisa de tecido de crina embaixo de seu ouro e de seu carmesim, e há muito a ser dito sobre essa combinação, pois Becket obteve o benefício da camisa de crina enquanto as pessoas da rua recebiam o benefício do carmesim e do ouro. Isso é pelo menos melhor do que o modo como age o moderno milionário, que tem o preto e o tecido de lã voltado para os outros, e o ouro bem perto do coração.

130 Tomás Becket (1118-1170), arcebispo de Cantuária, considerado santo e mártir tanto pela Igreja Católica quanto pela Anglicana. Alguns registros de sua vida dizem que costumava usar roupas grossas e desconfortáveis por baixo das roupas típicas da corte. (N.T.)

Mas o equilíbrio nem sempre esteve no corpo de um homem como esteve no de Becket: o equilíbrio era frequentemente distribuído por todo o corpo da cristandade. Porque um homem rezava e jejuava nas regiões nevadas do norte, flores podiam ser lançadas em seu festival nas cidades do sul; e, porque os fanáticos bebiam água nas areias da Síria, os homens ainda podiam beber sidra nos pomares da Inglaterra. Isso é o que torna a cristandade ao mesmo tempo muito mais desconcertante e muito mais interessante do que o império pagão, assim como a Catedral de Amiens não é melhor, mas mais interessante que o Partenon[131].

Se alguém quiser uma prova moderna de tudo isso, considere o fato curioso de que, sob o cristianismo, a Europa (embora mantendo-se como unidade) dividiu-se em nações individuais. O patriotismo é um exemplo perfeito desse equilíbrio deliberado de uma ênfase em choque com outra ênfase. O instinto do império pagão teria dito: "vocês todos serão cidadãos romanos e se comportarão de acordo com isso: os alemães ficarão menos lentos e reverentes, os franceses, menos experimentais e velozes". Mas o instinto da Europa cristã diz: "que o alemão permaneça lento e reverente, que o francês seja veloz e experimental com mais segurança. Traremos um equilíbrio a esses excessos. O absurdo chamado Alemanha corrigirá a insanidade chamada França".

Por último e mais importante: é exatamente isso que explica o que é tão inexplicável a todos os críticos modernos da história do cristianismo. Refiro-me às guerras monstruosas a respeito de pequenos pontos de teologia, os terremotos de emoção a respeito de um gesto ou de uma palavra. Era uma questão de apenas um centímetro, mas um centímetro é tudo quando você está se equilibrando. A Igreja não podia se dar ao luxo de se desviar nem pela largura de um fio de

131 A Catedral de Notre-Dame [Nossa Senhora] de Amiens, de arquitetura gótica, cuja construção original ocorreu de 1220 a 1288, é uma das maiores da França. É conhecida como "Partenon da arquitetura francesa". O Partenon, construído em Atenas, Grécia, entre 447 a.C. e 438 a.C., na Acrópole, foi consagrado à deusa Atena Partenos. (N.T.)

cabelo de algumas coisas se quisesse continuar sua grande e ousada experiência do equilíbrio irregular. Uma vez que fosse permitido a uma ideia tornar-se menos poderosa, alguma outra ideia se tornaria poderosa demais. Não era um rebanho de ovelhas que o pastor cristão conduzia, mas uma manada de touros e tigres, de ideais terríveis e doutrinas devoradoras, cada uma delas forte o bastante para se tornar uma religião falsa e devastar o mundo.

Lembre-se de que a Igreja adotou especificamente ideias perigosas; ela era uma domadora de leões. A ideia do nascimento mediante o Espírito Santo, da morte de um ser divino, do perdão dos pecados ou do cumprimento de profecias são ideias que, qualquer um pode ver, precisam apenas de um toque para se transformarem em algo blasfemo ou cruel. Os artífices do Mediterrâneo deixaram que a menor conexão se partisse, e o leão do pessimismo ancestral rompeu sua corrente nas florestas esquecidas do Norte.

Dessas equações teológicas devo falar depois. Aqui é suficiente perceber que, se algum pequeno erro foi cometido na doutrina, grandes asneiras podem ser cometidas na felicidade humana. Uma frase formulada erroneamente sobre a natureza do simbolismo teria quebrado todas as melhores estátuas da Europa. Uma escorregadela nas definições podia parar todas as danças, podia murchar todas as árvores de Natal ou quebrar todos os ovos de Páscoa. As doutrinas tinham de ser definidas dentro de limites estritos, até mesmo para que o homem pudesse gozar de liberdades humanas em geral. A Igreja tinha de ser cuidadosa, no mínimo para que o mundo pudesse ser descuidado.

Esse é o emocionante romance da Ortodoxia. As pessoas caíram no hábito tolo de falar da ortodoxia como algo pesado, monótono e seguro. Nunca houve nada tão perigoso ou tão empolgante quanto a ortodoxia. Era a sanidade, e ser são é mais dramático do que ser louco. Era o equilíbrio de um homem atrás de cavalos que correm desabaladamente, parecendo inclinar-se para um lado e balançar--se para o outro, ainda que, em todas as atitudes, tenha a graça da estatuária e a precisão da aritmética.

A Igreja em seus primeiros dias foi feroz e rápida como qualquer cavalo de batalha; no entanto, é negar de modo completo a história dizer que ela simplesmente se tornou obcecada por uma ideia, como um fanatismo vulgar. Ela se desviou para a esquerda e para a direita, exatamente para evitar enormes obstáculos. Ela deixou, por um lado, a enorme massa do arianismo[132], sustentada por todos os poderes do mundo para tornar o cristianismo demasiado mundano. No instante seguinte, ela estava se desviando para evitar um orientalismo, o que o tornaria muito irreal. A Igreja ortodoxa nunca tomou o caminho fácil nem aceitou as convenções; a Igreja ortodoxa nunca foi respeitável. Teria sido mais fácil aceitar o poder terreno dos arianos. Teria sido fácil, no calvinista século XVII, cair no poço sem fundo da predestinação[133]. É fácil ser louco: é fácil ser herege. É sempre fácil deixar uma era ter sua cabeça; o difícil é manter a própria. É sempre fácil ser modernista, como é fácil ser esnobe. Ter caído em qualquer dessas declaradas armadilhas de erro e exagero as quais moda após moda e seita após seita prepararam ao longo do caminho histórico da cristandade, de fato, teria sido simples. É sempre simples cair; há uma infinidade de ângulos nos quais qualquer um cai, mas apenas um no qual permanece em pé. Para a Ciência Cristã[134], ter caído em qualquer um dos modismos do gnosticismo[135] teria sido óbvio e manso. Mas, para evitá-los, tudo tem sido uma aventura em turbilhão; e, em minha visão, a carruagem celestial voa trovejando ao longo dos séculos, fazendo as obtusas heresias se espalharem e ficarem prostradas, ao passo que a indômita verdade vacila, mas avança ereta.

132 Doutrina antitrinitariana defendida por Ário (250-336), padre cristão egípcio, que afirmava ser Cristo uma criatura superior ao homem, mas não Deus. (N.T.)

133 De modo geral, a doutrina de que Deus predestinou alguns para a salvação eterna e outros para a perdição eterna. (N.T.)

134 Movimento religioso fundado por Mary Baker Eddy (1821-1910), que prega a cura de todas as doenças por meio da oração. Propunha-se a restabelecer, segundo a fundadora, o cristianismo original. (N.T.)

135 Sincretismo de correntes filosófico-religiosas que pregava a existência de um conhecimento (*gnose*, em grego) especial, obtido apenas por iniciados. Segundo os gnósticos, um deus mau, menor, chamado de demiurgo, criou o mundo. (N.T.)

CAPÍTULO VII

A ETERNA REVOLUÇÃO

As seguintes proposições foram apresentadas de modo incisivo: primeira, que é necessária alguma fé em nossa vida para melhorá-la; segunda, que é necessária alguma insatisfação com as coisas como elas são para estarmos satisfeitos; terceira, que para ter esse necessário contentamento e o necessário descontentamento não é suficiente ter o equilíbrio óbvio do estoico. Por mera resignação não há nem a gigantesca leviandade do prazer nem a soberba intolerância da dor. Há uma objeção vital ao conselho para apenas sorrir e suportar. A objeção é que, se tão somente suportar, você não sorri. Heróis gregos não sorriem, mas gárgulas, sim, pois são cristãs. E, quando um cristão está satisfeito, ele está (no sentido mais exato) espantosamente satisfeito, seu prazer é espantoso.

Cristo profetizou toda a arquitetura gótica naquela hora em que pessoas nervosas e respeitáveis (pessoas que hoje se opõem a realejos) se opuseram aos gritos dos meninos de rua de Jerusalém. Ele disse: "se eles se calarem, as pedras gritarão"[136]. Sob o impulso de Seu espírito, surgiram, como coros clamorosos, as fachadas das catedrais medievais, apinhadas de rostos gritando e bocas abertas. A profecia se cumpriu: as pedras gritam.

---

136 Mateus 21.15,16; Lucas 19.39,40. (N.T.)

Se essas coisas forem aceitas, embora apenas para argumentação, podemos retomar o ponto em que deixamos o fio do pensamento do homem natural, chamado pelo Escocês (com lamentável familiaridade), de "O Velho"[137]. Podemos fazer a próxima pergunta, tão obviamente diante de nós. Alguma satisfação é necessária até para melhorar as coisas. Mas o que queremos dizer com "melhorar as coisas"? A maioria das conversas modernas sobre esse assunto é um mero argumento em um círculo, aquele círculo que já tornamos o símbolo da loucura e do mero racionalismo. A evolução só é boa se produz o bem; o bem só é bom se ajuda a evolução. O elefante está em pé sobre a tartaruga e a tartaruga, sobre o elefante.

Obviamente, não será necessário tirar nosso ideal do princípio da natureza, pela simples razão de que (exceto por alguma teoria humana ou divina), não há princípio na natureza. Por exemplo: o antidemocrata barato de hoje vai lhe dizer solenemente que não há igualdade na natureza. Ele está certo, mas não vê o adendo lógico. Não há igualdade na natureza; também não há desigualdade na natureza. A desigualdade, tanto quanto a igualdade, implica um padrão de valor.

Enxergar aristocracia na anarquia dos animais é tão sentimental quanto enxergar democracia nela. Tanto a aristocracia quanto a democracia são ideais humanos: um diz que todos os homens são valiosos, o outro, que alguns homens são mais valiosos. Mas a natureza não diz que os gatos são mais valiosos que os ratos; a natureza não faz nenhuma observação sobre o assunto. Ela nem mesmo diz que o gato é invejável ou que o rato é desprezível. Achamos o gato superior porque temos (ou a maioria de nós tem) uma filosofia particular no sentido de que a vida é melhor que a morte. Mas, se o rato fosse um rato pessimista alemão, ele poderia não pensar que o gato o tivesse espancado. Ele poderia pensar que havia espancado o gato por

137 Talvez seja referência ao livro *The Grand Old Man* [O Grande Velho], biografia de William Ewart Gladstone (1809-1898), importante político britânico, doze anos Primeiro-Ministro do Reino Unido, que tinha essa alcunha. Foi escrito por Richard Briscoe Cook (1838-1916), pastor batista e autor britânico que escreveu também sobre Charles H. Spurgeon e D. L. Moody. (N.T.)

chegar antes ao túmulo. Ou poderia pensar que infligiu uma punição realmente terrível ao gato ao mantê-lo vivo. Assim como um micróbio pode se orgulhar de espalhar uma pestilência, o rato pessimista pode exultar ao pensar que estava renovando no gato a tortura da existência consciente. Tudo depende da filosofia do rato. Você não pode sequer dizer que há vitória ou superioridade na natureza, a menos que tenha alguma doutrina sobre o que é superior. Você não pode nem mesmo dizer quantos pontos o gato tem a menos que haja um sistema de pontuação. Você não pode nem mesmo dizer que o gato tira o melhor dele, a menos que exista algo melhor a ser obtido.

Não podemos, então, obter da natureza o ideal em si e, ao prosseguirmos aqui com a primeira e natural especulação, deixaremos de lado (por ora) a ideia de obtê-lo de Deus. Devemos ter nossa própria visão. Mas as tentativas da maioria dos modernos para expressar isso são altamente vagas.

Alguns recorrem simplesmente ao relógio: falam como se a mera passagem pelo tempo trouxesse alguma superioridade, de modo que até mesmo um homem do mais alto calibre mental usa a frase "a moralidade humana nunca está em dia". Como algo pode estar em dia? Um dia não tem caráter. Como se pode dizer que as celebrações de Natal não são adequadas para o 25º dia de um mês? O que o escritor queria dizer, claro, era que a maioria estava atrás de sua minoria favorita, ou à frente dela.

Outras pessoas hesitantes e modernas se refugiam em metáforas materiais; na verdade, essa é a principal característica das pessoas hesitantes e modernas. Não ousando definir sua doutrina do que é bom, elas usam figuras de linguagem, que tratam de coisas físicas, sem restrição ou vergonha, e, o que é o pior de tudo, parecem pensar que essas analogias baratas são primorosamente espirituais e superiores à velha moralidade. Assim, elas acham que é intelectual referir-se a coisas como sendo "elevadas". É no mínimo o inverso do intelectual: é uma mera frase de um campanário ou de um cata-vento. "Tomás era um bom menino" é uma declaração puramente filosófica, digna de

Platão ou Aquino. "Tomás viveu a vida mais elevada" é uma metáfora grosseira, dita por uma régua de três metros.

Essa, aliás, é quase toda a fraqueza de Nietzsche, que alguns estão apresentando como um pensador ousado e forte. Ninguém negará que ele era um pensador poético e sugestivo, mas era bem o contrário de forte. Ele não foi nada ousado. Nunca expressou, com palavras abstratas e claras, o que queria dizer, como fizeram Aristóteles e Calvino, e até mesmo Karl Marx, os severos e destemidos homens de pensamento. Nietzsche sempre escapava de uma pergunta por meio de uma metáfora física, como um jovial poeta menor. Ele disse "além do bem e do mal"[138], porque não tinha coragem de dizer "melhor do que bem e mal" ou "pior do que bem e mal". Se tivesse enfrentado seu pensamento sem metáforas, ele teria visto que era um absurdo. Então, ao descrever seu herói, ele não ousa falar de "o homem mais puro", ou de "o homem mais feliz" ou de "o homem mais triste", pois todas essas são ideias, e ideias são alarmantes. Ele diz "o homem superior", ou "além-homem", ou "super-homem", uma metáfora física de acrobatas ou alpinistas. Nietzsche é, de fato, um pensador muito tímido. Na verdade, ele não sabe de maneira alguma que tipo de homem quer que a evolução produza. E, se ele não sabe, certamente os evolucionistas comuns, que falam sobre coisas serem "superiores", também não sabem.

Então, novamente, algumas pessoas recuam à pura submissão e à passividade. A natureza vai fazer alguma coisa algum dia; ninguém sabe o que e ninguém sabe quando. Não temos motivo para agir e nenhum motivo para não agir. Se alguma coisa acontecer, está certa; se alguma coisa for impedida, está errada. Há também o caso de algumas pessoas que tentam antecipar a natureza fazendo algo, fazendo qualquer coisa. Porque talvez elas possam desenvolver asas, cortam as próprias pernas. No entanto, a natureza pode estar tentando fazer com que elas sejam centopeias, e elas não sabem disso.

---

138 Nome do livro escrito em 1886, um dos mais representativos de seu pensamento, o primeiro da chamada "fase destrutiva" do autor, em que questiona toda a filosofia ocidental como entendida e praticada até sua época. (N.T.)

Por fim, há uma quarta classe de pessoas: as que aceitam o que querem e dizem que esse é o objetivo final da evolução. E essas são as únicas pessoas sensatas. Este é o único modo realmente saudável de lidar com a palavra evolução: trabalhar para o que você quer e chamar a *isso* de evolução. O único sentido inteligível que progresso ou avanço pode ter entre os homens é que temos um ideal definido e desejamos tornar o mundo inteiro como esse ideal. Se preferir desta forma, a essência da doutrina é que o que temos ao nosso redor é o mero método e a preparação para algo que temos de criar. Este não é um mundo, mas sim o material para um mundo. Deus nos deu não as cores de uma pintura, mas as cores de uma paleta. Mas Ele também nos deu um assunto, um modelo, uma visão fixa. Devemos ter clareza sobre o que queremos pintar. Isso acrescenta mais um princípio a nossa lista anterior de princípios. Dissemos que devemos ser afeiçoados a este mundo, mesmo para modificá-lo. Acrescentamos agora que devemos ser afeiçoados a outro mundo (real ou imaginário), a fim de termos algo em que mudar o nosso.

Não precisamos debater sobre as meras palavras "evolução" ou "progresso": pessoalmente prefiro chamar de "reforma". Pois reforma implica forma. Implica que estamos tentando moldar o mundo em uma imagem particular, fazer dele algo que já vemos na mente. Evolução é uma metáfora do mero desenrolar-se automático. Progresso é uma metáfora da simples caminhada por uma estrada, muito provavelmente a estrada errada. Mas reforma é uma metáfora para homens razoáveis e determinados: significa que vemos determinada coisa fora de forma e queremos colocá-la em forma. E sabemos em que forma.

Eis aqui, agora, todo o colapso e a enorme asneira de nossa era. Nós misturamos duas coisas diferentes, duas coisas opostas. O progresso deveria significar que estamos sempre mudando o mundo para adequá-lo à visão. O progresso significa (exatamente em nossos dias) que estamos sempre mudando a visão. Deveria significar que somos lentos, mas seguros em trazer justiça e misericórdia entre os homens; significa de fato que somos muito rápidos em duvidar da conveniência da justiça e da misericórdia: uma página impensada de qualquer sofista prussiano[139] faz com que os homens duvidem disso. O progresso deveria significar que estamos sempre caminhando em direção à Nova Jerusalém, mas significa de fato que a Nova Jerusalém está sempre se afastando de nós. Não estamos alterando o real para se adequar ao ideal. Estamos alterando o ideal: é mais fácil.

Exemplos bobos são sempre mais simples. Suponhamos que um homem desejasse um tipo particular de mundo; digamos, um mundo azul. Ele não teria motivos para reclamar da leveza ou da rapidez de sua tarefa; ele poderia labutar por muito tempo na transformação; poderia trabalhar continuamente (em todos os sentidos) até que tudo estivesse azul. Ele poderia ter aventuras heroicas: dar os últimos retoques em um tigre azul. Poderia ter sonhos de fadas: o amanhecer de uma lua azul. Mas, se trabalhasse arduamente, esse reformador magnânimo certamente (do seu próprio ponto de vista) deixaria o mundo melhor e mais azul do que o havia encontrado. Se mudasse uma folha de grama para sua cor favorita todos os dias, ele se moveria lentamente. Mas, se alterasse sua cor favorita todos os dias, ele não avançaria nada. Se, depois de ler um filósofo recente, ele começasse a pintar tudo de vermelho ou de amarelo, seu trabalho seria jogado fora: não haveria nada para mostrar a não ser uns poucos tigres azuis andando por aí, exemplares de seus maus modos iniciais.

Essa é exatamente a posição do pensador moderno médio. Será dito que isso é declaradamente um exemplo absurdo. Mas é literalmente um fato visto na história recente. Todas as grandes e graves mudanças em nossa civilização política pertencem ao início do século XIX, não ao final. Elas pertenciam à época preto e branco em que os homens acreditavam fixamente no toriísmo[140], no protestantismo, no calvinismo, na Reforma, e não raramente na revolução. E aquilo em que cada homem acreditava ele defendia firmemente, sem ceticismo.

139 Menção irônica a Immanuel Kant (1724-1804), filósofo prussiano. (N.T.)

140 Tóri é o partido conservador da Inglaterra. (N.T.)

E houve um tempo em que a Igreja Estabelecida poderia ter caído, e a Câmara dos Lordes quase caiu. Foi assim porque os Radicais eram sábios o suficiente para serem constantes e consistentes; foi assim porque os Radicais eram sábios o suficiente para serem conservadores.

Todavia, na atmosfera atual não há tempo e tradição suficientes no Radicalismo para derrubar qualquer coisa. Há muita verdade na sugestão do lorde Hugh Cecil[141] (feita em um belo discurso) de que a era da mudança acabou e que a nossa é uma era de conservação e tranquilidade[142]. Mas provavelmente lorde Hugh Cecil ficaria aflito se percebesse (o que é certamente o caso) que nossa era é apenas de conservação, pois é uma era de completa descrença.

Deixe as crenças desaparecerem rápida e frequentemente, se você deseja que as instituições permaneçam as mesmas. Quanto mais a vida da mente for desorganizada, mais o mecanismo da matéria será deixado por conta própria. O resultado líquido de todas as nossas sugestões políticas, o coletivismo, o tolstoianismo, o neofeudalismo, o comunismo, a anarquia, a burocracia científica, o fruto evidente de todos eles é que a monarquia e a Câmara dos Lordes permanecerão. O resultado líquido de todas as novas religiões será que a Igreja da Inglaterra não será (pois o céu sabe por quanto tempo) desestabilizada. Foram Karl Marx, Nietzsche, Tolstói, Cunninghame Graham[143], Bernard Shaw e Auberon Herbert[144] que, entre eles, com as gigantescas costas inclinadas, levaram o trono do arcebispo de Cantuária.

Podemos dizer abertamente que o pensamento livre é a melhor de todas as salvaguardas contra a liberdade. Administrada em um estilo

---

141 Hugh Richard Heathcote Gascoyne-Cecil (1869-1956), importante político do Partido Conservador Britânico. (N.T.)

142 A palavra inglesa aqui utilizada pelo autor, *repose*, pode ser traduzida também por "compostura, dignidade". (N.T.)

143 Robert Bontine Cunninghame Graham (1852–1936), político e jornalista escocês, foi o primeiro membro socialista do Parlamento do Reino Unido. (N.T.)

144 Auberon Herbert (1838-1906), escritor, filósofo e individualista radical inglês. Influenciado pelo trabalho de Herbert Spencer, formulou o "voluntarismo", filosofia que prega que todas as formas de associação humana têm de ser voluntárias. (N.T.)

moderno, a emancipação da mente do escravo é a melhor maneira de impedir a emancipação do escravo. Ensine-o a se preocupar sobre se deseja ser livre, e ele não se libertará. Uma vez mais, pode ser dito que esse exemplo é remoto ou extremo. Mas, uma vez mais, ele é exatamente verdade com respeito aos homens nas ruas ao nosso redor. É verdade que o escravo negro, por ser um bárbaro aviltado, provavelmente terá ou uma afeição humana de lealdade ou uma afeição humana pela liberdade. No entanto, o homem que vemos todos os dias, o operário da fábrica de Gradgrind[145], o pequeno funcionário do escritório de Gradgrind, está mentalmente preocupado demais para acreditar na liberdade. Ele é mantido em silêncio com literatura revolucionária. Ele é acalmado e mantido em seu lugar por uma sucessão constante de filosofias extravagantes. Ele é marxista um dia, nietzschiano no dia seguinte, um super-homem (provavelmente) no dia seguinte; e um escravo todos os dias.

A única coisa que permanece depois de todas as filosofias é a fábrica. O único homem que ganha por meio de todas as filosofias é Gradgrind. Valeria a pena ele gastar tempo para manter sua servidão comercial suprida com literatura cética. E agora penso que, é claro, Gradgrind é famoso por doar bibliotecas. Ele mostra sua sagacidade. Todos os livros modernos estão do seu lado. Enquanto a visão do céu estiver sempre mudando, a visão da Terra será exatamente a mesma. Nenhum ideal durará tempo suficiente para ser realizado, ou mesmo parcialmente realizado. O jovem moderno nunca mudará seu ambiente, porque ele sempre mudará de ideia.

Este, portanto, é nosso primeiro requisito a respeito do ideal para o qual o progresso é direcionado: ele deve ser permanente. Whistler[146]

---

145 Thomas Gradgrind, personagem do romance *Tempos difíceis*, de Charles Dickens. Gradgrind, seguidor de ideias utilitaristas, "um homem de fatos e cálculos", é um professor pedante que se dedica à busca de empreendimentos rentáveis. O termo passou a significar "alguém que é marcado por um ponto de vista materialista, que, depende exclusivamente de medições científicas e de fatos observáveis, sem levar em consideração a natureza e as emoções humanas". (N.T.)

146 James Abbott McNeill Whistler (1834-1903), pintor norte-americano que passou a viver na Inglaterra a partir de 1859. (N.T.)

costumava fazer muitos estudos rápidos de uma pessoa sentada; não era problema para ele rasgar vinte retratos. Mas seria um problema se ele olhasse por cima da tela vinte vezes e, a cada vez, visse uma pessoa diferente sentada placidamente para ser retratada por ele. Portanto, não importa (comparativamente falando) quantas vezes a humanidade deixa de imitar o próprio ideal, pois, nesse caso, todos os seus velhos fracassos são frutíferos. Mas importa assustadoramente a frequência com que a humanidade muda seu ideal, pois, nesse caso, todos os seus velhos fracassos são infrutíferos.

A questão, portanto, vem a ser esta: como podemos manter o artista descontente com seus quadros ao mesmo tempo que o impedimos de estar vitalmente descontente com sua arte? Como podemos fazer um homem estar sempre insatisfeito com seu trabalho, mas sempre satisfeito em trabalhar? Como podemos ter certeza de que o pintor de retratos jogará o retrato pela janela em vez de tomar a decisão natural e mais humana de jogar pela janela aquele a quem está retratando?

Uma regra estrita não é necessária apenas para governar; é necessária também para a rebelião. Esse ideal fixo e familiar é necessário para qualquer tipo de revolução. O homem por vezes agirá lentamente a respeito de novas ideias, mas só agirá rapidamente a respeito de velhas ideias. Se devo apenas flutuar ou desvanecer ou evoluir, isso pode ser algo anárquico; mas, se devo provocar distúrbios, isso deve ser algo respeitável. Esta é toda a fraqueza de certas escolas de progresso e evolução moral: elas sugerem que houve um movimento lento em direção à moralidade, com uma mudança ética imperceptível a cada ano ou a cada instante. Há apenas uma grande desvantagem nessa teoria. Ela fala de um movimento lento em direção à justiça, mas não permite um movimento rápido. Não é permitido a um homem erguer--se de supetão e declarar que certo estado de coisas é intrinsecamente intolerável. Para esclarecer o assunto, é melhor dar um exemplo específico.

Certos vegetarianos idealistas, como o sr. Salt[147], dizem que chegou o tempo de não mais se comer carne; por implicação, eles supõem que em certo tempo foi correto comer carne e sugerem (em palavras que poderiam ser citadas) que algum dia pode ser errado ingerir leite e ovos. Não discuto aqui a questão do que é justiça para os animais. Só digo que tudo aquilo que é justiça deve, sob determinadas condições, ser uma justiça imediata. Se um animal sofre injustiça, devemos ser capazes de correr em seu socorro. Mas, como podemos correr se, talvez, estejamos à frente de nosso tempo? Como podemos correr para pegar um trem que pode chegar só depois de alguns séculos? Como posso denunciar um homem por esfolar gatos se ele é agora apenas o que eu posso vir a ser por beber um copo de leite?

Uma esplêndida e insana seita russa corria para tirar os bois de todos os carroções. Como posso tomar coragem para tirar o cavalo de meu coche se não sei se meu relógio evolucionário está apenas um pouco adiantado ou se o do cocheiro está um pouco atrasado? Suponha que eu diga a um explorador de escravos: "a escravidão era adequada a um estágio da evolução". E suponha que ele responda: "e o trabalho extenuante é adequado a este estágio da evolução". Como posso responder, se não há teste atemporal? Se exploradores de escravos podem estar por trás da moralidade atual, por que os filantropos não poderiam estar à frente dela? O que na Terra é a moralidade atual, exceto em seu sentido literal: a moralidade que está sempre em fuga?

Assim, podemos dizer que um ideal permanente é tão necessário para o inovador quanto para o conservador; ele é necessário se desejamos que as ordens do rei sejam prontamente executadas ou se desejamos que o rei seja prontamente executado. A guilhotina tem muitos pecados, mas, para fazer justiça, não há nada de evolucionário

---

147 Henry Stephens Salt (1851-1939), escritor inglês, vegetariano, socialista e defensor de reformas sociais, é tido como o primeiro escritor a argumentar explicitamente a favor dos direitos dos animais, no livro *Animals' Rights: Considered in Relation to Social Progress* [Direitos dos animais: considerados em relação ao progresso social], de 1894.

nela. O argumento evolucionário favorito encontra sua melhor resposta no machado. O partidário da evolução diz: "onde você traça o limite?". O partidário da revolução responde: "eu o traço *aqui*: exatamente entre sua cabeça e seu corpo".

Deve haver, em dado momento, um certo e um errado abstratos para que algum golpe possa ser dado; deve haver algo eterno para que haja algo repentino. Portanto, para todos os inteligíveis propósitos humanos, para alterar as coisas ou para manter as coisas como estão, para fundar um sistema perene, como na China, ou para alterá-lo todos os meses, como no início da Revolução Francesa, é igualmente necessário que a visão seja uma visão fixa. Esse é nosso primeiro requisito.

Ao escrever essas palavras, senti mais uma vez a presença de algo mais na discussão, como um homem ouve um sino da igreja acima dos ruídos da rua. Algo parecia estar dizendo: "meu ideal, pelo menos, é fixo, pois foi fixado antes dos fundamentos do mundo. Minha visão de perfeição certamente não pode ser alterada, pois se chama Éden. Você pode alterar o lugar para o qual está indo, mas não pode alterar o lugar de onde veio. Para os ortodoxos deve sempre haver espaço para a revolução, pois, no coração dos homens, Deus foi colocado sob os pés de Satanás. No mundo superior, o inferno uma vez se rebelou contra o céu, mas, neste mundo, o céu está se rebelando contra o inferno. Para os ortodoxos, sempre pode haver uma revolução, pois uma revolução é uma restauração. A qualquer momento você pode desferir um golpe a favor da perfeição que nenhum homem viu desde Adão. Nenhum costume imutável, nenhuma mudança advinda de evolução pode fazer do bem original algo menos que bem. O homem pode ter tido concubinas desde que as vacas têm chifres; ainda assim, as concubinas não fazem parte dele, se forem pecaminosas. Os homens podem estar sob opressão desde que os peixes vivem debaixo d'água; ainda assim, não deveriam estar, se a opressão é pecaminosa. A corrente pode parecer tão natural para o escravo, ou a maquiagem para a prostituta, como a pluma para o pássaro ou a toca para a raposa; ainda assim, não são, se são pecaminosas. Ergo minha lenda pré-histórica para desafiar toda a sua história. Sua visão não é meramente algo fixo: é um fato". Fiz uma pausa para notar a nova coincidência do cristianismo, mas segui em frente.

Segui em frente para a próxima necessidade de um ideal qualquer de progresso. Algumas pessoas (como temos dito) parecem acreditar em um progresso automático e impessoal na natureza das coisas. Mas claro está que nenhuma atividade política pode ser encorajada por dizer-se que o progresso é natural e inevitável; essa não é uma razão para alguém ser ativo, mas, antes, uma razão para ser preguiçoso. Se somos obrigados a melhorar, não precisamos de problemas para melhorar. A pura doutrina do progresso é a melhor de todas as razões para não sermos progressistas. Mas não é para nenhum desses comentários óbvios que desejo em primeiro lugar chamar a atenção.

O único ponto interessante é o seguinte: se supusermos que o aperfeiçoamento é natural, ele deve ser bastante simples. O mundo poderia estar trabalhando com vistas a uma consumação, mas dificilmente com vistas a qualquer arranjo particular de muitas qualidades. Retomando nossa comparação original: a natureza por si mesma pode estar ficando mais azul; isto é, um processo tão simples que pode ser impessoal. Mas a natureza não pode fazer uma imagem cuidadosa constituída de muitas cores escolhidas, a menos que a natureza seja pessoal. Se o fim do mundo fosse mera escuridão ou mera luz, ele poderia vir tão vagarosa e inevitavelmente como o anoitecer ou o amanhecer. Todavia, se o fim do mundo deve ser uma elaborada e artística peça de *chiaroscuro*, então, deve haver projeto nele, seja humano, seja divino. O mundo, pela mera ação do tempo, pode ficar negro como um quadro antigo ou branco como um casaco antigo; mas, se for transformado em uma peça específica de arte em preto e branco, então, há um artista.

Se a distinção não for evidente, dou um exemplo comum. Constantemente ouvimos um credo particularmente cósmico dos humanitários modernos. Eu uso a palavra "humanitário" no sentido comum, significando alguém que defende as reivindicações de todas as criaturas contra as da humanidade. Eles sugerem que, ao longo das eras, temos nos tornado cada vez mais humanos, isto é, que, um após o outro, grupos ou seções de seres, escravos, crianças, mulheres, vacas, ou seja lá o que for, foram gradualmente admitidos à misericórdia ou à justiça. Eles dizem que uma vez pensamos ser certo comer homens (nós não o fazíamos), mas não estou aqui preocupado com a história deles, que é altamente não histórica.

De fato, a antropofagia é certamente uma coisa decadente, não uma coisa primitiva. É muito mais provável que os homens modernos comam carne humana por afetação do que o homem primitivo tenha comido por ignorância. Estou aqui apenas acompanhando o esboço do argumento deles, que consiste em sustentar que o homem se tornou progressivamente mais leniente, primeiro com os cidadãos, depois com os escravos, depois com os animais e depois (presumivelmente) com as plantas. Acho errado sentar em um homem. Logo, vou pensar que é errado sentar em um cavalo. Com o tempo (suponho), acharei errado sentar em uma cadeira. É para isso que o argumento leva. E, para esse argumento, pode-se dizer que é possível falar dele em termos de evolução ou de progresso inevitável. Uma tendência perpétua de tocar menos e menos coisas pode (alguém pensa) ser uma mera tendência inconsciente bruta, como a de uma espécie que gera cada vez menos filhos. Esse desvio pode ser realmente evolutivo, porque é estúpido.

O darwinismo pode ser usado para reforçar duas moralidades insanas, mas não pode ser usado para reforçar uma única mentalidade sã. O parentesco e a competição entre todas as criaturas vivas podem ser usados como uma razão para serem insanamente cruéis ou insanamente sentimentais, mas não para um amor saudável dos animais. Com base na evolução, você pode ser desumano ou você pode ser absurdamente humano, mas você não pode ser humano. O fato de você e um tigre serem um pode ser uma razão para ser gentil com um tigre. Ou pode ser uma razão para ser tão cruel quanto o tigre. É uma maneira de treinar o tigre para imitar e pode ser uma maneira mais rápida de você imitar o tigre. Mas em nenhum dos casos a evolução lhe diz como tratar um tigre de maneira razoável, isto é, como admirar suas listras enquanto evita suas garras.

Se quiser tratar um tigre de modo razoável, você terá de voltar para o jardim do Éden. Pois a lembrança obstinada continua a ocorrer: apenas o sobrenatural adotou uma visão sensata da natureza. A essência de todo panteísmo, evolucionismo e religião cósmica moderna está de fato nesta proposição: que a Natureza é nossa mãe. Infelizmente, se você vê a Natureza como mãe, vai perceber que ela é uma madrasta. O ponto principal do cristianismo foi este: que a Natureza não é nossa mãe, a Natureza é nossa irmã. Podemos nos orgulhar de sua beleza, já que temos o mesmo pai, mas ela não tem autoridade sobre nós. Temos de admirá-la, mas não imitá-la.

Isso dá ao prazer tipicamente cristão na Terra um toque estranho de leveza que é quase frivolidade. A Natureza era uma mãe solene para os adoradores de Ísis e de Cibele[148]. A Natureza era uma mãe solene para Wordsworth[149] ou Emerson. Mas a Natureza não é solene para Francisco de Assis ou para George Herbert. Para São Francisco, a Natureza é uma irmã, até mesmo uma irmã mais nova: uma irmã pequena e dançante, para ser motivo de riso e de amor.

Isso, no entanto, nem de longe é nosso ponto principal no momento. Admiti isso apenas para mostrar quão constantemente, e como se fosse acidentalmente, a chave cabia nas menores portas. Nosso ponto principal aqui é: se houver uma mera tendência de aperfeiçoamento impessoal na Natureza, ela presumivelmente deve ser uma simples tendência em direção a algum simples triunfo. Pode-se imaginar que alguma tendência automática na biologia venha a operar a fim de nos dar nariz cada vez mais longo. Mas a questão é: queremos ter

148 Ísis: deusa egípcia, tida como modelo de mãe e de esposa, protetora da natureza. Cibele: deusa frígia que simbolizava a fertilidade da natureza. (N.T)

149 William Wordsworth (1770-1850), poeta romântico inglês. Ao final da vida, abandonou os ideais radicais que havia adotado e tornou-se um patriota conservador. (N.T)

nariz cada vez mais longo? Imagino que não. Acredito que a maioria de nós quer dizer ao próprio nariz: "até aqui, e não vá mais longe. É aqui que seu magnífico cume deve ficar". Precisamos de um nariz de um comprimento tal que nos garanta um rosto interessante. Mas não podemos imaginar uma mera tendência biológica para produzir rostos interessantes, pois um rosto interessante é um arranjo particular de olhos, nariz e boca, em uma relação muito complexa entre si. A proporção não pode ser um deslize: é um acidente ou é um projeto.

O mesmo se dá com o ideal da moralidade humana e sua relação com os humanitários e com os anti-humanitários. É concebível que estejamos avançando no sentido de manter as mãos longe das coisas: não montar cavalos, não colher flores. Podemos, com o passar do tempo, vir a ser obrigados a não perturbar a mente de um homem nem mesmo por meio de argumentos, a não perturbar o sono dos pássaros nem por tossirmos. A apoteose final seria a de um homem sentado quieto, não se atrevendo a sequer se mexer por medo de perturbar uma mosca, nem a comer por medo de incomodar um micróbio. É para uma consumação tão crua assim que podemos talvez inconscientemente ser levados. Mas queremos uma consumação tão crua?

Da mesma forma, podemos inconscientemente evoluir ao longo da linha de desenvolvimento oposta, ou nietzschiano: o super-homem esmagando o super-homem em uma torre de tiranos até que o universo seja destruído por diversão. Mas queremos que o universo seja destruído por diversão? Não está claro que o que realmente esperamos é gestão e proposição particulares destas duas coisas: certa medida de restrição e respeito, certa medida de energia e domínio?

Se nossa vida é realmente tão bonita quanto um conto de fadas, teremos de lembrar que toda a beleza de um conto de fadas está nisto: que o príncipe tem um espanto que não chega a ser medo. Se ele tem medo do gigante, esse é o fim dele; mas, se ele não se surpreender com o gigante, é o fim do conto de fadas. A questão toda depende dele ser ao mesmo tempo humilde o suficiente para se espantar e altivo o suficiente para desafiar. Portanto, nossa atitude com respeito ao gigante do mundo não deve ser meramente aumentar a delicadeza ou aumentar o desprezo: deve ser uma proporção específica dos dois, a qual tem de ser exata.

Devemos ter em nós suficiente reverência por todas as coisas fora de nós que nos faça pisar na grama com temor. Devemos também ter suficiente desdém por todas as coisas fora de nós que nos faça, na ocasião certa, cuspir nas estrelas. No entanto, essas duas coisas (se quisermos ser bons ou felizes) devem ser combinadas, não de forma qualquer, mas em uma combinação específica. A perfeita felicidade dos homens na Terra (se vier a acontecer) não será uma coisa plana e sólida, como a satisfação dos animais. Será um equilíbrio exato e perigoso, como o de um romance desesperado. O homem deve ter fé suficiente em si mesmo para ter aventuras e dúvidas suficientes sobre si mesmo para apreciá-las.

Esse, portanto, é nosso segundo requisito para o ideal do progresso. O primeiro é que ele deve ser corrigido; o segundo é que ele deve ser composto. Não deve (se foi pensado para satisfazer nossa alma) ser a mera vitória de alguma coisa engolindo tudo o mais: amor, ou orgulho, ou paz, ou aventura. Deve ser um quadro definido composto por esses elementos em sua melhor proporção e relação. Não estou preocupado, neste momento, em negar que alguma culminação muito boa possa estar, graças à constituição das coisas, reservada para a raça humana. Apenas assinalo que, se essa felicidade composta é fixada para nós, ela deve ser fixada por alguma mente, pois apenas uma mente pode definir as proporções exatas de uma felicidade composta.

Se a beatificação do mundo é um mero trabalho da natureza, então ele deve ser tão simples quanto o congelamento do mundo ou a queima do mundo. Mas se a beatificação do mundo não é uma obra da natureza, mas uma obra de arte, então envolve um artista. E, nesse ponto, uma vez mais, minha contemplação foi transpassada pela voz antiga que dizia: "eu poderia ter lhe contado tudo isso há muito tempo. Se houver algum progresso, só pode ser meu tipo de progresso, o progresso em direção a uma cidade completa de virtudes e dominações em que a justiça e a paz planejam se beijar[150]. Uma força impessoal pode levá-lo a um deserto de planura perfeita ou a um pico de altura perfeita, mas somente um Deus pessoal pode estar conduzindo você (se, de fato, você estiver sendo conduzido) a uma cidade com ruas e proporções arquitetônicas justas, uma cidade na qual cada um de vocês pode contribuir exatamente com a quantidade certa de sua própria cor para o casaco de muitas cores de José"[151].

Por duas vezes, portanto, o cristianismo havia aparecido com a resposta exata que eu exigia. Eu havia dito: "o ideal precisa ser fixado", e a Igreja respondeu: "o meu está literalmente fixado, pois existia antes de qualquer outra coisa". Eu disse a seguir: "ele deve ser artisticamente combinado, como uma pintura", e a Igreja respondeu: "o meu é literalmente uma pintura, pois sei quem o pintou". Depois, avancei para a terceira coisa que, para mim, era necessária para uma Utopia ou meta de progresso. E, das três, é infinitamente a mais difícil de expressar. Talvez possa ser apresentada assim: precisamos de atenção mesmo na Utopia, para não cairmos na Utopia como caímos no Éden.

Observamos que uma razão dada para alguém ser progressista é que as coisas tendem naturalmente a ficar melhores. Mas a única razão real para alguém ser progressista é que as coisas tendem naturalmente a ficar piores. A corrupção nas coisas não é apenas o melhor argumento para alguém ser progressista, mas é também o único argumento contra ser conservador. A teoria conservadora seria realmente bastante abrangente e irrefutável se não fosse por esse fato. Mas todo conservadorismo é baseado na ideia de que, se você deixar as coisas entregues a si mesmas, você as deixa como estão. Mas você não faz isso. Se deixa uma coisa entregue a si mesma, você a deixa sujeita a uma torrente de mudanças. Se você deixar um poste branco entregue a si mesmo, ele logo será um poste preto. Se você especificamente quer

150 Referência a Salmos 85.11b. (N.T)

151 Referência a Gênesis 37.3. (N.T)

que ele seja branco, deve pintá-lo vez após vez; ou seja, você deve estar sempre fazendo uma revolução. Em síntese: se você quiser o antigo poste branco, você deve ter um novo poste branco.

No entanto, isso que é verdade com relação a coisas inanimadas é, em um sentido bastante especial e terrível, verdade com relação a todas as coisas humanas. Uma vigilância quase antinatural é realmente exigida do cidadão por causa da horrível rapidez com que as instituições humanas envelhecem. É costume, em romances efêmeros e no jornalismo, falar-se de homens sofrendo sob antigas tiranias. Mas, de fato, os homens quase sempre sofreram sob novas tiranias, sob tiranias que tinham sido liberdades públicas não mais que vinte anos antes. Assim, a Inglaterra enlouqueceu de alegria pela monarquia patriótica de Elizabete[152]; e então (quase imediatamente depois) enlouqueceu de raiva na armadilha da tirania de Carlos I[153]. Algo semelhante aconteceu na França: a monarquia se tornou intolerável, não apenas depois de ter sido tolerada, mas logo depois de ter sido adorada. O filho de Luís, o bem-amado, era Luís, o guilhotinado[154]. Assim, da mesma maneira na Inglaterra do século XIX: o fabricante Radical era inteiramente confiável como um mero defensor do povo, até que, de repente, ouvimos o clamor do Socialista de que aquele era um tirano comendo o povo como pão. E, de modo semelhante, temos quase até o último instante confiado nos jornais como órgãos da opinião pública. Só recentemente, alguns de nós viram (não lentamente, mas começando) que eles, é óbvio, não são nada disso. Eles são, por sua própria natureza, os passatempos de alguns homens ricos.

152 Elizabete I (1533-1603), rainha da Inglaterra de 1558 até a data de sua morte. Durante seu reinado, a Inglaterra destacou-se como centro financeiro, comercial e cultural na Europa.

153 Carlos I (1600-1649), rei da Inglaterra de 1625 a 1645. Por acreditar no direito divino do rei, tomava decisões impopulares: tentou impor o anglicanismo aos escoceses, majoritariamente presbiterianos, sancionou severa cobrança de impostos em toda a Inglaterra, dissolveu o Parlamento, o que lhe era proibido. Tudo isso gerou uma guerra civil. Derrotado, Carlos fugiu para a Espanha, onde foi capturado, vindo a ser decapitado posteriormente.

154 Luís XV (1710-1774), rei da França de 1715 até a data de sua morte, tinha a alcunha de Bem-amado. Luís XVI (1754-1793), seu neto, foi o sucessor no trono, de 1774 até ser deposto, em 1791, pela Revolução Francesa. Foi decapitado no ano seguinte.

Não temos necessidade de nos rebelar contra a antiguidade; temos de nos rebelar contra a novidade. São os novos governantes, o capitalista ou o editor, que realmente sustentam o mundo moderno. Não há que se temer que um rei moderno tente anular a constituição; é mais provável que ele ignore a constituição e trabalhe à revelia dela. Ele não tirará vantagem de seu poder de rei; é mais provável que ele se aproveite de sua impotência de rei, do fato de que ele está livre de críticas e de publicidade. Pois o rei é a pessoa mais privada do nosso tempo. Não será necessário que alguém lute de novo contra a proposta de censura da imprensa. Nós não precisamos de uma censura da imprensa. Nós temos uma censura pela imprensa.

Essa rapidez surpreendente com a qual os sistemas populares se tornam opressores é o terceiro fato que pediremos que nossa perfeita teoria do progresso tolere. Ela deve estar sempre atenta a todos os privilégios de que há abuso, pois todo direito trabalhista se torna um erro. Nesse assunto, estou inteiramente do lado dos revolucionários. Eles estão realmente certos em suspeitar sempre de instituições humanas; estão certos em não confiar nos príncipes nem em qualquer filho do homem[155]. O comandante escolhido para ser amigo do povo torna-se inimigo do povo; o jornal começou a dizer que a verdade agora existe para impedir que a verdade seja contada. Nesse ponto, afirmo, senti que, por fim, eu estava do lado do revolucionário. E então recuperei o fôlego mais uma vez, pois me lembrei de que eu estava mais uma vez do lado dos ortodoxos.

O cristianismo falou novamente e disse: "eu sempre sustentei que os homens eram naturalmente apóstatas; que a virtude humana tendia, pela própria natureza, a enferrujar ou apodrecer; eu sempre disse que os seres humanos vão errando, especialmente seres humanos felizes, especialmente seres humanos orgulhosos e prósperos. Essa revolução eterna, essa suspeita sustentada através dos séculos, você (sendo vagamente um moderno) chama de a

155 Referência a Salmos 118.8,9. (N.T)

doutrina do progresso. Se fosse um filósofo, você a chamaria, como eu, de a doutrina do pecado original. Você pode chamá-la de avanço cósmico o quanto quiser; eu a chamo daquilo que ela é: a Queda".

Falei de ortodoxia chegando como uma espada; aqui confesso que ela veio como um machado de guerra. Pois, de fato (quando vim a pensar nisso), o cristianismo é a única coisa que resta que tem um direito real de questionar o poder do bem nutrido ou do bem-educado. Tenho escutado com bastante frequência os Socialistas, ou mesmo os democratas, dizendo que as condições físicas dos pobres devem, necessariamente, torná-los mental e moralmente degradados. Escutei homens de ciência (e ainda há homens de ciência que não se opõem à democracia) dizendo que, se dermos aos pobres condições mais saudáveis, o vício e o erro desaparecerão.

Eu os escutei com uma terrível atenção, com um fascínio medonho. Pois foi como assistir a um homem serrando energeticamente o galho da árvore em que ele está sentado. Se esses democratas felizes pudessem provar seu argumento, espancariam a democracia até a morte. Se os pobres são assim totalmente desmoralizados, pode ou não ser prático cuidar deles. Mas certamente é bastante prático desqualificá-los. Se o homem com um quarto de dormir ruim não pode dar um voto bom, então a primeira e mais rápida dedução é que ele não pode dar voto algum. A classe governante pode dizer de modo racional: "pode levar algum tempo para reformar o quarto dele. Mas, se ele é o bruto que você diz, levará muito pouco tempo para ele arruinar nosso país. Portanto, vamos aceitar sua sugestão e não dar a ele essa chance".

Enche-me de horrível deleite observar o modo pelo qual o Socialista sério diligentemente lança as bases de toda a aristocracia, discorrendo brandamente sobre a evidente inadequação dos pobres para governarem. É como ouvir alguém em uma festa à noite pedindo desculpas por entrar sem traje a rigor, explicando que havia sido intoxicado recentemente, que tinha o hábito de tirar a roupa na rua e, além disso, tinha apenas tirado o uniforme da prisão. A qualquer momento, alguém pensa, o anfitrião poderia dizer àquele homem que, na verdade, se fosse tão ruim assim, não precisava entrar. Ocorre algo desse tipo quando o Socialista comum, com uma cara radiante, prova que os pobres, em consequência das experiências destrutivas deles, não podem ser realmente confiáveis. A qualquer momento, o rico poderá dizer: "muito bem! Então, não vamos confiar neles", e bater-lhe a porta na cara.

Com base na opinião do sr. Blatchford sobre hereditariedade e meio ambiente, a defesa da aristocracia é bastante esmagadora. Se casas limpas e ar limpo tornarem as almas limpas, por que não dar o poder (em alguma medida, no presente) àqueles que, sem dúvida, têm o ar limpo? Se melhores condições tornarem os pobres mais aptos a se governarem, por que melhores condições não tornariam os ricos mais aptos a governá-los? No argumento do ambiente comum, a questão é bastante manifesta. A classe confortável deve ser apenas nossa vanguarda na Utopia.

Existe alguma resposta à proposição de que aqueles que tiveram as melhores oportunidades provavelmente serão nossos melhores líderes? Existe alguma resposta para o argumento de que aqueles que respiraram ar limpo deveriam decidir por aqueles que respiraram ar poluído? Tanto quanto sei, há apenas uma resposta, e essa resposta é o cristianismo. Somente a Igreja Cristã pode oferecer alguma objeção racional a uma completa confiança nos ricos, pois ela tem afirmado desde o princípio que o perigo não estava no ambiente do homem, mas no homem. Além disso, ela tem afirmado que, se viermos a falar de um ambiente perigoso, o ambiente mais perigoso de todos é o ambiente de comodidade.

Sei que a indústria mais moderna tem realmente se ocupado em tentar produzir uma agulha anormalmente grande. Sei que os biólogos mais recentes têm-se preocupado em descobrir um camelo muito pequeno. Mas, se diminuirmos o camelo para o menor ou abrirmos o buraco da agulha o máximo possível; se, em suma, supusermos que as palavras de Cristo significam o mínimo que poderiam significar, Suas palavras devem, no mínimo, significar isto: que no mais das vezes os homens ricos não são moralmente confiáveis[156].

O cristianismo, mesmo quando diluído, é quente o suficiente para ferver toda a sociedade moderna até deixá-la em trapos. Mesmo o mínimo da Igreja seria um ultimato mortal para o mundo. Pois todo o mundo moderno é absolutamente baseado na suposição não de que os ricos sejam necessários (o que é defensável), mas que os ricos sejam confiáveis, o que (para um cristão) não é defensável. Você ouvirá permanentemente, em todas as discussões sobre jornais, empresas, aristocracias ou política partidária, o argumento de que o homem rico não pode ser subornado. O fato, sem dúvida, é que o homem rico é subornável; ele já foi subornado. É por isso que ele é um homem rico.

O argumento do cristianismo é que um homem que depende dos luxos desta vida é um homem corrupto, espiritualmente corrupto, politicamente corrupto, financeiramente corrupto. Há uma coisa que Cristo e todos os santos cristãos disseram com uma espécie de monotonia cruel. Eles disseram simplesmente que ser rico é estar em um perigo peculiar de destruição moral. Não é possível demonstrar que é anticristão matar os ricos por serem violadores da justiça definível. Não é possível demonstrar que é anticristão coroar os ricos como os convenientes governantes da sociedade. Certamente não é anticristão rebelar-se contra os ricos ou se submeter aos ricos. Mas é certamente anticristão confiar nos ricos, considerar os ricos mais moralmente idôneos que os pobres. Um cristão pode dizer constantemente: "respeito a posição desse homem, embora ele aceite subornos". Mas um cristão não pode dizer, como todos os homens modernos estão dizendo no almoço e no café da manhã: "um homem naquela posição não aceitaria subornos". Pois é parte do dogma cristão que qualquer homem em qualquer posição pode aceitar subornos.

É uma parte do dogma cristão e também vem a ser, por uma curiosa coincidência, parte da óbvia história humana. Quando as pessoas

156 Referência a Mateus 19.23-26. (N.T)

dizem que um homem "nessa posição" seria incorruptível, não há necessidade de trazer o cristianismo para a discussão. Lorde Bacon[157] era engraxate? O duque de Marlborough[158] era um varredor de ruas? Ainda que eu esteja na melhor Utopia, devo estar preparado para a queda moral de qualquer homem em qualquer posição a qualquer momento, especialmente para minha queda de minha posição neste momento.

Muito jornalismo vago e sentimental foi usado para dizer que o cristianismo é semelhante à democracia, e a maior parte não tem força ou clareza suficiente para refutar o fato de que as duas coisas muitas vezes brigam. O verdadeiro alicerce sobre o qual cristianismo e democracia são um é muito mais profundo. A ideia especial e peculiarmente anticristã é a ideia de Carlyle, de que o homem deve governar a quem sente que pode governar. Qualquer outro pensamento pode ser cristão, esse é pagão. Se nossa fé faz algum comentário sobre governo em geral, seu comentário deve ser este: que o homem deve governar a quem ele *não* pensa que pode governar. O herói de Carlyle pode dizer: "eu serei o rei", mas o santo cristão deve dizer "*nolo episcopari*"[159].

Se o grande paradoxo do cristianismo significa alguma coisa, significa isto: que devemos tomar a coroa em nossas mãos, e caçar, nos lugares secos e nos cantos escuros da Terra, até encontrarmos o único homem que se sente inadequado para usá-la. Carlyle estava completamente errado: nós não coroamos o homem excepcional que sabe que pode governar. Em vez disso, devemos coroar o homem muito mais excepcional que sabe que não pode.

157 Francis Bacon (1561-1626), político, filósofo e cientista inglês, considerado o pai do método experimental. Em 1621, foi acusado de suborno e de corrupção, sendo preso na Torre de Londres. (N.T)

158 John Churchill (1650-1722), importante militar e estadista inglês, foi o primeiro Duque de Marlborough. Acusado de participar de intrigas jacobitas, foi também preso na Torre de Londres. (N.T)

159 Latim: "eu não quero ser bispo". Tradicionalmente, é tida como forma polida de nomeados para o episcopado rejeitarem a oferta. (N.T)

Bem, essa é uma das duas ou três defesas vitais da democracia em funcionamento. A mera máquina de votar não é democracia, embora, no momento, não seja fácil produzir qualquer método democrático mais simples. Mas até mesmo a máquina da votação é profundamente cristã neste sentido prático: é uma tentativa de se ter a opinião daqueles que seriam modestos demais para oferecê-la. É uma aventura mística; é, de modo especial, confiar naqueles que não confiam em si mesmos. Esse enigma é estritamente peculiar à cristandade.

Não há nada realmente humilde na abnegação do budista; o meigo hindu é meigo, mas não é manso. Mas há algo psicologicamente cristão na ideia de buscar a opinião do obscuro em vez de tomar a conduta óbvia de aceitar a opinião do proeminente. Dizer que votar é particularmente cristão pode parecer um pouco curioso. Dizer que angariar votos é cristão pode parecer muito insano. Mas angariar votos é muito cristão em sua proposta primeira. É encorajar os humildes; é dizer ao homem modesto: "amigo, vem mais para cima"[160]. Ou, se há algum leve defeito em angariar votos, isto é, na sua perfeita e bem-acabada piedade, é somente porque pode falhar em encorajar a modéstia do cabo eleitoral.

A aristocracia não é uma instituição: a aristocracia é um pecado, geralmente muito venial. É apenas o desvio ou deslize dos homens para uma espécie de pompa natural e louvor dos poderosos, que é a coisa mais fácil e óbvia do mundo.

É uma das centenas de respostas à perversão fugidia da moderna "força": que as agências mais prontas e mais ousadas são também as mais frágeis ou cheias de sensibilidade. As coisas mais vivas são as coisas mais suaves. Um pássaro é ativo, pois um pássaro é suave. Uma pedra é impotente, pois uma pedra é dura. A pedra deve, por sua própria natureza, decrescer, porque dureza é fraqueza. A ave pode, por sua natureza, ascender, porque fragilidade é força.

---

160 Lucas 14.10. (N.T)

Na perfeita força há uma espécie de frivolidade, uma leveza que pode mantê-la no ar.

Investigadores modernos de histórias de milagres têm admitido solenemente que uma característica dos grandes santos é seu poder de "levitação". Eles podem ir mais longe, uma característica dos grandes santos é seu poder de leveza. Os anjos podem voar porque podem se considerar de modo leve. Esse sempre foi o instinto da cristandade e, especialmente, o instinto da arte cristã.

Lembre-se de como Fra Angelico[161] representava todos os seus anjos, não apenas como pássaros, mas quase como borboletas. Lembre-se de como a mais séria arte medieval estava cheia de drapejados leves e esvoaçantes, de pés rápidos e travessos. Era a única coisa que os pré-rafaelitas modernos não podiam imitar nos verdadeiros pré-rafaelitas. Burne-Jones[162] nunca poderia recuperar a profunda leveza da Idade Média. Nos antigos quadros cristãos, o céu sobre cada figura é como um paraquedas azul ou dourado. Cada figura parece pronta para voar e flutuar pelos céus. O manto esfarrapado do mendigo o carregará para cima como as plumas raiadas dos anjos. Mas os reis em seu ouro pesado e os orgulhosos em suas vestes de púrpura vão todos, por sua natureza, afundar, pois o orgulho não pode se elevar à leveza ou à levitação. O orgulho é o arrastar para baixo de todas as coisas em uma solenidade cômoda.

Alguém "se instala" em uma espécie de seriedade egoísta, mas é preciso que se eleve a um alegre autoesquecimento. Um homem "fica" absorto em devaneios; ele alcança um céu azul. Seriedade não é uma virtude. Seria uma heresia, mas uma heresia muito mais

161 Guido di Pietro Trosini (1387-1455), pintor italiano do final do período gótico ao início do Renascimento, um dos precursores da pintura renascentista. Foi beatificado pela Igreja Católica em 1982. (N.T)

162 Sir Edward Coley Burne-Jones (1833-1898), artista e designer inglês, um dos últimos pré-rafaelitas. Esse movimento pregava, como indica seu nome, uma retomada dos pintores anteriores a Rafael (1483-1520), que foi, segundo ele, o responsável por toda a insinceridade da arte diante da natureza. Sua proposta era copiar a natureza de modo simples e direto, sem os artificialismos determinados pela arte acadêmica. (N.T)

sensata, dizer que a seriedade é um vício. É realmente uma tendência natural, ou um lapso, levar-se muito a sério, porque é a coisa mais fácil de se fazer. É muito mais fácil escrever um bom artigo para o *Times* do que uma boa piada para o *Punch*. Pois a solenidade flui naturalmente dos homens, mas o riso é uma mudança abrupta. É fácil ser pesado, difícil é ser leve. Satanás caiu pela força da gravidade.

Note que essa é a honra peculiar da Europa, uma vez que, sendo cristã, e embora tenha aristocracia, ela sempre tratou de coração a aristocracia como uma fraqueza, geralmente como uma fraqueza que deve ser tolerada. Se alguém quiser apreciar esse ponto, deixe-o sair do cristianismo para alguma outra atmosfera filosófica. Deixe-o, por exemplo, comparar as classes da Europa com as castas da Índia. A aristocracia é muito mais terrível, porque é muito mais intelectual. Ela considera seriamente que a escala das classes é uma escala de valores espirituais: que o padeiro é melhor que o açougueiro em um sentido invisível e sagrado. Mas nenhum cristianismo, nem mesmo o mais ignorante ou perverso, jamais sugeriu que um barão era melhor que um açougueiro naquele sentido sagrado. Nenhum cristianismo, por mais ignorante ou extravagante que seja, já sugeriu que um duque não seria condenado.

Na sociedade pagã pode ter havido (eu não sei) uma divisão muito séria entre o homem livre e o escravo. Mas na sociedade cristã sempre pensamos no cavalheiro como uma piada, embora eu admita que, em algumas grandes cruzadas e em concílios, ele ganhou o direito de ser chamado de piada. Mas nós, na Europa, nunca, de fato, e no mais profundo de nossa alma, levamos a aristocracia a sério. Há apenas um estrangeiro não europeu ocasional (tal como o dr. Oscar Levy[163], o único nietzschiano inteligente) que pode conseguir, por um momento, levar a aristocracia a sério. Pode ser um mero viés patriótico, embora eu não acredite nisso, porém parece-me que

163 Oscar Ludwig Levy (1867-1946), médico e escritor judeu-alemão, conhecido estudioso de Friedrich Nietzsche. Escreveu várias obras contra o judaísmo. (N.T)

a aristocracia inglesa não é apenas o tipo, mas é a coroa e a flor de todas as aristocracias reais; ela tem todas as virtudes oligárquicas, bem como todos os defeitos. É casual, é gentil, é corajosa em assuntos óbvios, mas tem um grande mérito que se sobrepõe a tudo isso. O grande e óbvio mérito da aristocracia inglesa é que ninguém poderia levá-la a sério.

Em suma, aos poucos clarifiquei em detalhes, como sempre, a necessidade de uma lei igual na Utopia; e, como de costume, descobri que o cristianismo estava lá antes de mim. Toda a história de minha Utopia tem a mesma tristeza divertida. Eu estava sempre saindo do meu estudo arquitetônico com planos para uma nova torre apenas para encontrá-la firmada, lá à luz do Sol, brilhando e com mil anos de idade. Para mim, no sentido antigo e, em parte, no moderno, Deus respondeu à oração: "dirige-nos, ó Senhor, em todas as nossas ações"[164]. Sem vaidade, realmente acho que houve um momento em que eu poderia, de minha cabeça mesmo, ter inventado o voto de casamento (como uma instituição), mas descobri, com um suspiro, que ele já havia sido inventado. Todavia, uma vez que seria um negócio muito longo mostrar como, fato por fato e centímetro por centímetro, minha própria concepção de Utopia só foi respondida na Nova Jerusalém, vou considerar esse caso do casamento como indicativo da tendência convergente, ou choque convergente, de todo o resto.

Quando falam sobre impossibilidades e alterações na natureza humana, os oponentes comuns do socialismo sempre perdem uma distinção importante. Nas modernas concepções ideais da sociedade, existem alguns desejos que possivelmente não são atingíveis, mas há alguns desejos que não são desejáveis. Que todos os homens vivam em casas igualmente bonitas é um sonho que pode ou não ser alcançado. Mas que todos os homens vivam na mesma bela casa

164 Primeira frase de uma coleta, ou oração específica, para ser usada na Oração Matutina, ou Vespertina, ou na Comunhão (Santa Eucaristia), do *Livro de oração comum* (Igreja Episcopal do Brasil, 1950, pág. 49). (N.T)

não é um sonho, é um pesadelo. Um homem amar todas as mulheres idosas é um ideal que pode não ser atingível. Mas um homem considerar todas as mulheres idosas exatamente como considera a mãe não é apenas um ideal inatingível, mas é um ideal que não deve ser atingido.

Não sei se o leitor concorda comigo nesses exemplos, mas vou adicionar o exemplo que sempre me afetou mais. Eu nunca poderia conceber ou tolerar qualquer Utopia que não me deixasse a liberdade com a qual mais me importo: a liberdade de me obrigar. A anarquia completa não apenas tornaria impossível ter qualquer disciplina ou fidelidade, mas também tornaria impossível ter alguma diversão. Para usar um exemplo óbvio: não valeria a pena apostar se a aposta não gerasse obrigações. A dissolução de todos os contratos não apenas arruinaria a moralidade, mas estragaria o esporte.

Pois bem, apostar e esportes são apenas as formas atrofiadas e distorcidas do instinto original do homem por aventura e romance, do qual muito já foi dito nestas páginas. E perigos, recompensas, punições e realizações de uma aventura devem ser reais, ou a aventura é apenas um pesadelo inconstante e desapiedado. Se eu aposto, devo ser obrigado a pagar, ou não há poesia nas apostas. Se eu desafio, devo ser obrigado a lutar, ou não há poesia no desafio. Se eu faço um voto de ser fiel, devo ser amaldiçoado se for infiel, ou não há alegria em fazer o voto.

Você não poderia nem mesmo fazer um conto de fadas a partir das experiências de um homem que, quando fosse engolido por uma baleia, pudesse achar-se no topo da Torre Eiffel, ou, quando se transformasse em um sapo, pudesse começar a se portar como um flamingo. Para terem propósito, até mesmo nos mais loucos romances, os resultados devem ser reais; os resultados devem ser irrevogáveis. O casamento cristão é o grande exemplo de um resultado real e irrevogável, e é por isso que ele é o principal assunto e o centro de todos os nossos textos românticos. E este é meu último exemplo das coisas que eu deveria pedir, e pedir imperativamente, em qualquer paraíso social: eu deveria pedir para que meus contratos fossem mantidos, para que meus juramentos e compromissos fossem levados a sério; eu deveria pedir à Utopia que vingasse minha honra em mim mesmo.

Todos os meus amigos utópicos modernos olham uns para os outros com dúvida, pois sua maior esperança é a dissolução de todos os laços especiais. Mas, uma vez mais, pareço ouvir, como uma espécie de eco, uma resposta do outro lado do mundo: "você terá obrigações reais e, portanto, aventuras reais quando chegar a minha Utopia. Mas a obrigação mais difícil e a aventura mais extrema é chegar lá".

CAPÍTULO VIII

O ROMANCE DA ORTODOXIA

As pessoas têm o costume de se queixar da agitação e da energia de nossa época. Mas, na verdade, a principal marca de nossa época são preguiça e fadiga profundas, e o fato é que a verdadeira preguiça é a causa da aparente agitação. Tome um caso bastante externo: as ruas são barulhentas com táxis e automóveis; isso, porém, não se deve à atividade humana, mas ao repouso humano. Haveria menos agitação se houvesse mais atividade, se as pessoas estivessem simplesmente andando por aí. Nosso mundo seria mais silencioso se fosse mais enérgico. E o que é verdade a respeito da aparente agitação física é verdade também a respeito da aparente agitação do intelecto.

A maioria da maquinaria da linguagem moderna é maquinaria que economiza trabalho, e economiza trabalho mental muito mais do que deveria. Frases científicas são usadas como rodas científicas e hastes de pistão para tornar mais rápido e mais suave ainda o caminho do conforto. Longas palavras passam por nós como longos trens ferroviários. Sabemos que eles estão carregando milhares de pessoas que estão cansadas demais ou indolentes demais para andar e pensar por si mesmas. É um bom exercício tentar de alguma maneira expressar qualquer opinião que se tenha em palavras de uma sílaba. Se disser: "a utilidade social da sentença indeterminada é reconhecida por todos os criminologistas como parte de nossa evolução sociológica rumo a uma visão mais humana e mais científica da punição", você poderá continuar falando assim por horas, sem qualquer movimento da massa cinzenta dentro de seu crânio. Mas se você começar com: "desejo que Jones vá à prisão e Brown diga quando Jones sair", você perceberá, com um arrepio de horror, que é obrigado a pensar. As palavras longas não são as palavras difíceis; as palavras curtas é que são difíceis. Há muito mais sutileza metafísica na palavra "praga" do que na palavra "degeneração".

Mas essas palavras longas e confortáveis que salvam as pessoas modernas do trabalho árduo do raciocínio têm um aspecto particular em que são especialmente ruinosas e confusas. Essa dificuldade ocorre quando a mesma palavra longa é usada em conexões diferentes para significar coisas bem diferentes. Assim, tomando um exemplo bem conhecido, a palavra "idealista" tem um significado como parte da filosofia e outro completamente diferente como parte da retórica moral. Da mesma forma, os cientistas materialistas tiveram justas razões para se queixar de pessoas que misturam "materialista" como termo da cosmologia com "materialista" como um insulto moral. Desse modo, tomando um exemplo mais desprezível, o homem que odeia "progressistas" em Londres sempre se considera um "progressista" na África do Sul.

Uma confusão tão sem sentido quanto esta surgiu em conexão com a palavra "liberal" quando aplicada à religião e quando aplicada à política e à sociedade. Costuma-se sugerir que todos os liberais devem ser livres-pensadores, pois eles devem amar tudo o que é livre. Você pode também dizer que todos os idealistas devem ser da Alta Igreja, porque devem amar tudo o que está na mais alta posição. Você poderia também dizer que os da Baixa Igreja devem gostar de Baixa Missa, ou que os da Igreja Ampla[165] devem gostar de piadas

165 Igreja Alta refere-se a um ramo da Igreja Anglicana, também chamado de anglo-catolicismo, cujos cultos são muito similares ao que é encontrado na Igreja Católica, bem como suas ênfases teológicas. A Igreja Baixa, de caráter mais protestante, dá ênfase à pregação, busca a

amplamente grosseiras. Tudo isso é mero acidente de palavras. Na atual Europa moderna, um livre-pensador não significa um homem que pensa por si mesmo. Significa um homem que, tendo pensado por si mesmo, chegou a um tipo particular de conclusões: a origem material dos fenômenos, a impossibilidade de milagres, a improbabilidade da imortalidade pessoal, e assim por diante. E nenhuma dessas ideias é particularmente liberal. Na verdade, quase todas essas ideias são definitivamente iliberais, como é o objetivo deste capítulo mostrar.

Nas poucas páginas seguintes, proponho apontar, tão rapidamente quanto possível, que os efeitos sobre a prática social advindos de cada uma das questões mais fortemente enfatizadas pelos liberalizadores de teologia são definitivamente iliberais. Quase toda proposta contemporânea de trazer liberdade para a igreja é simplesmente uma proposta para trazer a tirania ao mundo. Libertar a igreja agora não significa libertá-la em todos os aspectos. Significa libertar esse conjunto peculiar de dogmas (vagamente chamados de dogmas científicos) do monismo[166], do panteísmo ou do arianismo, ou da necessidade.

E pode-se mostrar que cada um desses (e vamos tomá-los um por um) é o aliado natural da opressão. De fato, é uma circunstância notável (na verdade, não tão notável quando se pensa nisso) que a maioria das coisas seja aliada da opressão. Há apenas uma coisa que nunca pode ultrapassar certo ponto em sua aliança com a opressão, que é a ortodoxia. Posso, é verdade, torcer a ortodoxia parcialmente para justificar um tirano. Mas posso facilmente inventar uma filosofia alemã para justificá-lo inteiramente.

---

simplicidade litúrgica e a evangelização. A Igreja Ampla é um meio-termo entre o ritualismo anglo-católico e o despojamento anglo-evangélico. É o padrão mais comumente encontrado nas paróquias anglicanas. (N.T)

166 Filosofia que identifica entre si matéria e espírito, que seriam duas facetas diferentes de uma mesma realidade. (N.T)

Vamos agora analisar em ordem as inovações que são os distintivos da nova teologia ou da igreja modernista. Concluímos o último capítulo com a descoberta de uma delas. A própria doutrina que é chamada de mais antiquada foi considerada a única salvaguarda das novas democracias da terra. A doutrina aparentemente mais impopular foi considerada a única força do povo. Em suma: descobrimos que a única negação lógica da oligarquia estava na afirmação do pecado original. Assim é, eu sustento, em todos os outros casos.

Tomo o exemplo mais óbvio primeiro: o caso dos milagres. Por alguma razão extraordinária, há uma noção estabelecida de que é mais liberal não acreditar em milagres do que acreditar neles. Por que motivo eu não posso imaginar, nem ninguém pode me dizer. Por alguma causa inconcebível, um clérigo "amplo" ou "liberal" sempre significa um homem que deseja, no mínimo, diminuir o número de milagres; nunca significa um homem que deseja aumentar esse número. Sempre significa um homem que é livre para não acreditar que Cristo saiu do túmulo; nunca significa um homem que é livre para acreditar que sua própria tia saiu do túmulo.

É comum encontrar problemas em uma paróquia porque o pároco não pode admitir que São Pedro andou sobre a água; no entanto, quão raramente encontramos problemas em uma paróquia porque o clérigo diz que o pai dele andou no Serpentine[167]? E isso não é porque (como o rápido debatedor secularista replicaria imediatamente) não se pode acreditar em milagres em nossa experiência. Não é porque "milagres não acontecem", como no dogma que Matthew Arnold recitou com fé simples. *Alega-se* que mais coisas sobrenaturais estão acontecendo em nossos dias do que seria possível há oitenta anos.

Os homens da ciência acreditam nessas maravilhas muito mais do que o faziam antes: os mais desconcertantes e mesmo horríveis prodígios da mente e do espírito estão sempre sendo revelados na psicologia moderna. Coisas que a velha ciência, de qualquer forma,

167 O Serpentine, por vezes também chamado de rio Serpentine, é um conhecido lago de formato sinuoso em Londres, criado em 1730. (N.T)

rejeitaria francamente como milagres estão, a toda hora, sendo declaradas pela nova ciência. A única coisa que ainda é antiquada o suficiente para rejeitar milagres é a Nova Teologia[168].

Mas, na verdade, essa noção de que se é "livre" para negar milagres não tem relação com a evidência a favor ou contra eles. É um preconceito verbal inerte, do qual a existência e o começo não estavam na liberdade de pensamento, mas simplesmente no dogma do materialismo. O homem do século XIX não desacreditou a Ressurreição porque seu cristianismo liberal lhe permitiu duvidar dela. Ele desacreditou-a porque seu materialismo muito estrito não lhe permitia acreditar. Tennyson[169], um homem bem típico do século XIX, proferiu um dos truísmos instintivos de seus contemporâneos quando disse que havia fé em sua dúvida honesta. Havia, de fato. Essas palavras têm uma verdade profunda, e até horrível. Na dúvida quanto aos milagres que esses homens tinham, havia fé em um destino determinado e ímpio; uma fé profunda e sincera na rotina incurável do cosmos. As dúvidas do agnóstico eram apenas os dogmas do monista.

Do fato e da evidência do sobrenatural falarei depois. Aqui estamos preocupados apenas com este ponto claro: que, na medida em que se pode dizer que a ideia liberal de liberdade está em ambos os lados da discussão sobre milagres, ela está obviamente do lado dos milagres. Reforma ou (no único sentido tolerável) progresso significa simplesmente o controle gradual da matéria pela mente. Um milagre significa simplesmente o rápido controle da matéria pela mente.

Se deseja alimentar as pessoas, você pode pensar que alimentá-las milagrosamente no deserto é impossível[170], mas você não pode achar

168 A Nova Teologia foi desenvolvida a partir do pensamento de teólogos protestantes do séc. XX, como Karl Bath, Rudolf Bultmann e Dietrich Bonhoeffer, e influenciou o Concílio Vaticano II (1962-1965). Entre outras coisas, ela ensina que a fé pode e deve prescindir de qualquer elemento sobrenatural, resíduo da religião mítica tradicional que é preciso eliminar. (N.T)

169 Alfred Tennyson (1809-1892), poeta inglês. Sentia-se pouco à vontade no mundo industrial e mercantil que rapidamente avançava na Inglaterra, preferindo a região rural inalterada do país. (N.T)

170 Referência a Mateus 14.13-16. (N.T)

isso iliberal. Se você realmente quer que crianças pobres vão à praia, não pode pensar que seja iliberal elas irem para lá em dragões voadores; você só pode pensar que é improvável. Um feriado, assim como o Liberalismo, significa apenas a liberdade do homem. Um milagre significa apenas a liberdade de Deus. Você pode conscienciosamente negar qualquer um deles, mas não pode chamar sua negação de um triunfo da ideia liberal.

A Igreja Católica acreditava que o homem e Deus tinham uma espécie de liberdade espiritual. O calvinismo tirou a liberdade do homem, mas a deixou com Deus. O materialismo científico restringe o próprio Criador; acorrenta Deus como o Apocalipse acorrenta o diabo[171]. Não deixa nada livre no universo. E os que auxiliam esse processo são chamados de "teólogos liberais".

Esse, como tenho dito, é o caso mais trivial e mais evidente. A aceitação de que há algo na dúvida a respeito de milagres aparentando liberalidade ou reforma é literalmente o oposto da verdade. Se um homem não pode acreditar em milagres, o assunto se encerra: ele não é particularmente liberal, mas é perfeitamente honrado e lógico, que são coisas muito melhores. Mas, se pode acreditar em milagres, ele é certamente o mais liberal para fazê-lo, pois isso significa, em primeiro lugar, a liberdade da alma e, em segundo, o controle sobre a tirania das circunstâncias.

Às vezes essa verdade é ignorada de um modo singularmente ingênuo, mesmo pelos homens mais capazes. Por exemplo: o sr. Bernard Shaw fala com um antiquado e vigoroso desprezo da ideia de milagres, como se eles fossem uma espécie de infração da fé por parte da natureza, ele parece estranhamente inconsciente de que os milagres são apenas as flores finais da árvore favorita dele: a doutrina da onipotência da vontade. Da mesma forma, ele chama o desejo por imortalidade de torpe egoísmo, esquecendo-se de que acaba de chamar o desejo pela vida de egoísmo saudável e heroico. Como

171 Apocalipse 19.1-3. (N.T)

pode ser nobre desejar tornar a vida de alguém infinita e ainda querer torná-la imortal? Não; se é desejável que o homem triunfe sobre a crueldade da natureza ou dos costumes, então os milagres são certamente desejáveis. Vamos discutir depois se são possíveis.

Mas devo passar para os casos maiores deste curioso erro: a noção de que a "liberalização" da religião de alguma forma ajuda a libertação do mundo. O segundo exemplo disso pode ser encontrado na questão do panteísmo; ou melhor, de certa atitude moderna que é frequentemente chamada de imanentismo[172], e que frequentemente é o budismo. Mas esse é um tópico muito mais difícil de tratar sem um pouco mais de preparação.

As coisas ditas de modo muito confiante por pessoas experientes para plateias lotadas são, de modo geral, aquelas completamente opostas ao fato. Na verdade, nossos truísmos é que não são verdadeiros. Aqui está um caso. Há uma expressão de generosa liberalidade pronunciada repetidas vezes em sociedades éticas e em conferências religiosas: "as religiões da Terra diferem em ritos e formas, mas são as mesmas no que ensinam". Isso é falso; é o oposto dos fatos. As religiões da Terra não diferem grandemente em ritos e formas; eles diferem grandemente no que ensinam.

É como se um homem dissesse: "não se deixe enganar pelo fato de que *The Church Times* e *The Freethinker*[173] parecem totalmente diferentes, por um ser pintado em pergaminho e o outro ser esculpido em mármore, por um ser triangular e o outro ser hectagonal; leia-os e verá que eles dizem a mesma coisa". A verdade é, sem dúvida, que eles

172 Doutrina metafísica que nega a existência de influências transcendentais sobre o mundo e defende que o absoluto ou Deus são imanentes aos seres humanos ou à natureza. A presença do divino é pressentida pelo homem, mas não pode ser objeto de qualquer conhecimento claro. (N.T)

173 O primeiro é um semanário anglicano independente (não tem vínculo com a hierarquia da Igreja da Inglaterra) fundado em 1863. O outro é uma revista humanista secular britânica fundada em 1881. Em sua primeira edição, declarou-se como "um órgão anticristão que deve, portanto, ser principalmente agressivo" em sua "guerra sem trégua contra a superstição em geral e contra a superstição cristã em particular". (N.T)

são parecidos em tudo, exceto no fato de não dizerem a mesma coisa. Um corretor de valores ateu em Surbiton se parece exatamente com um corretor de valores swedenborguiano[174] em Wimbledon. Você pode andar ao redor deles e submetê-los ao estudo mais pessoal e ofensivo sem ver nada de swedenborguiano no chapéu ou algo particularmente sem Deus no guarda-chuva. É exatamente na alma que eles estão divididos.

Assim, a verdade é que a dificuldade de todos os credos da Terra não é, como alegada nesta máxima barata, que eles concordam em significado, mas diferem nos instrumentos. É exatamente o oposto. Eles concordam em instrumentos; quase todas as grandes religiões na Terra trabalham com os mesmos métodos externos, com sacerdotes, escrituras, altares, irmandades juramentadas, festas especiais. Elas concordam no modo de ensinar; elas diferem é na coisa a ser ensinada. Os otimistas pagãos e os pessimistas orientais têm ambos templos, assim como liberais e conservadores têm jornais. Credos que existem para destruir um ao outro têm, ambos, escrituras, assim como exércitos que existem para destruir um ao outro têm, ambos, armas.

O grande exemplo dessa suposta igualdade entre todas as religiões humanas é a suposta igualdade espiritual de budismo e cristianismo. Aqueles que adotam essa teoria geralmente evitam a ética da maioria dos outros credos, exceto, na verdade, o confucionismo, do qual eles gostam por não ser um credo. Mas são cautelosos em seus elogios ao maometanismo, geralmente se limitando a impor a moralidade dessa religião apenas como um refrigério para as classes inferiores. Eles raramente sugerem o ponto de vista maometano sobre o casamento (a respeito do qual há muito a ser dito) e, com respeito aos tugues e aos adoradores de fetiches, sua atitude pode até ser chamada de fria. Mas, no caso da grande religião de Gautama, eles sinceramente sentem uma similaridade.

---

174 Emanuel Swedenborg (1688-1772), cientista, inventor, místico e filósofo espiritualista sueco. Segundo alegadas visões, foi comissionado a desvendar o sentido espiritual das Escrituras Sagradas. O swedenborguianismo, ou a Nova Igreja, seria, de acordo com Swedenborg, o substituto das igrejas cristãs. (N.T)

Estudantes de ciência popular, como o sr. Blatchford, estão sempre insistindo que o cristianismo e o budismo são muito parecidos, especialmente o budismo. Isso é aceito de modo geral, e eu mesmo acreditei nisso até que li um livro dando as razões para a afirmação. As razões eram de dois tipos: semelhanças que nada significavam, pois eram comuns a toda a humanidade, e semelhanças que não eram semelhanças.

O autor explicava solenemente que os dois credos eram parecidos em coisas nas quais todos os credos são parecidos, ou então os descrevia como iguais em algum ponto em que eles são obviamente diferentes. Como um exemplo do primeiro tipo, ele disse que tanto Cristo como Buda foram chamados pela voz divina vinda do céu, como se alguém esperasse que a voz divina saísse do depósito de carvão no porão. Ou, outro exemplo, houve severa insistência em que esses dois mestres orientais, por uma singular coincidência, tivessem uma cena com lavagem dos pés. Você pode também dizer que foi uma coincidência notável que ambos tivessem pés para lavar.

E o outro tipo de similaridades eram aquelas que simplesmente não eram similares. Portanto, este reconciliador das duas religiões chama a atenção para o fato de que em certas festas religiosas o manto do Lama é rasgado em pedaços por respeito, e os pedaços são altamente valorizados. Mas isso é o inverso de uma semelhança, pois as vestes de Cristo não foram rasgadas em pedaços por respeito, mas por escárnio; e os pedaços não eram altamente valorizados, exceto pelo que buscariam nas lojas de farrapos. Isso é semelhante a aludir a uma óbvia conexão entre as duas cerimônias com espada: quando ela toca no ombro de um homem e quando ela lhe corta a cabeça. Elas não são de todo similares para o homem.

Esses fragmentos de pedantismo pueril de fato importariam pouco se também não fosse verdade que as supostas semelhanças filosóficas também são destas duas categorias: ou provam demais ou não provam nada. O fato do budismo aprovar a misericórdia ou o domínio próprio não é dizer que ele é de modo especial como o cristianismo; é apenas dizer que ele não é totalmente diferente de toda a existência humana. Os budistas desaprovam, em teoria, a crueldade ou o excesso, porque todos os seres humanos sensatos desaprovam, em teoria, a crueldade ou o excesso. Mas dizer que o budismo e o cristianismo apresentam a mesma filosofia sobre essas coisas é simplesmente falso. Toda a humanidade concorda que estamos enredados em pecado. A maioria da humanidade concorda que há alguma saída. Mas, quanto ao que é a saída, não creio que haja duas instituições no universo que se contradigam tão claramente quanto o budismo e o cristianismo.

Mesmo quando eu pensava, juntamente com muitas outras pessoas bem informadas, embora não acadêmicas, que o budismo e o cristianismo eram iguais, havia uma coisa a respeito de ambos que sempre me deixava perplexo: refiro-me à diferença surpreendente em seu tipo de arte religiosa. Não estou falando de seu estilo técnico de representação, mas das coisas que pretendiam manifestamente representar. Dois ideais não poderiam ser mais opostos do que um santo cristão em uma catedral gótica e um santo budista em um templo chinês. A oposição existe em todos os pontos, mas talvez a declaração mais curta a respeito do assunto é que o santo budista está sempre de olhos fechados, enquanto o santo cristão sempre os tem muito abertos. O santo budista tem um corpo elegante e harmonioso, mas seus olhos são pesados e selados de sono. O corpo do santo medieval está debilitado sobre seus ossos decrépitos, mas seus olhos estão terrivelmente vivos. Não pode haver nenhuma comunhão real de espírito entre forças que produzam símbolos tão diferentes assim. Admitindo que ambas as imagens são extravagâncias, são perversões do credo puro, somente uma divergência verdadeira poderia produzir extravagâncias tão opostas. O budista está olhando com uma intenção privativa para dentro. O cristão está olhando com uma intenção inquieta para fora. Se seguirmos essa pista de forma constante, descobriremos algumas coisas interessantes.

Pouco tempo atrás, a sra. Besant[175], em um ensaio interessante, anunciou que havia apenas uma religião no mundo, que todas as crenças eram apenas versões ou perversões dela e que ela, a sra. Besant, estava bem preparada para dizer qual era. Segundo a sra. Besant, essa Igreja universal é simplesmente o eu universal. É a doutrina de que somos na verdade todos uma pessoa, que não há muros reais de individualidade entre homem e homem. Se assim posso dizer, ela não nos diz para amar nosso próximo; ela nos diz para sermos nosso próximo.

Essa é a descrição cuidadosa e sugestiva da sra. Besant sobre a religião na qual todos os homens devem estar em concordância. E nunca ouvi falar de nenhuma sugestão em minha vida com a qual eu discorde mais violentamente. Quero amar meu próximo não porque ele é eu, mas precisamente porque ele não é eu. Quero amar afeiçoadamente o mundo não como alguém gosta de um espelho, por ser a própria pessoa, mas como alguém ama uma mulher, porque ela é completamente diferente. Se as almas são separadas, o amor é possível. Se as almas estão unidas, o amor é obviamente impossível. Pode-se dizer que um homem deve amar-se frouxamente, mas dificilmente pode se apaixonar por si mesmo, ou, se acontecer, deverá ser um namoro monótono. Se o mundo está cheio de egos reais, eles podem ser de fato egos não egoístas. Mas, segundo o princípio da sra. Besant, todo o cosmos é apenas uma pessoa enormemente egoísta.

É exatamente aqui que o budismo está do lado do panteísmo e da imanência modernos. E é exatamente aqui que o cristianismo está do lado da humanidade e da liberdade e do amor. O amor deseja personalidade; portanto, o amor deseja a divisão. É espontâneo no cristianismo alegrar-se em que Deus tenha quebrado o universo em pequenos pedaços, porque eles são peças vivas. É espontâneo nele dizer: "Filhinhos, amem-se uns aos outros"[176] em vez de dizer a uma pessoa grande que se ame.

---

175 Annie Wood Besant (1847-1933), escritora prolífica, líder teósofa, maçom, defensora dos direitos das mulheres e militante socialista inglesa. Foi famosa oradora da Sociedade Nacional Secular. (N.T)

176 Referência a João 13.33,34. (N.T)

Este é o abismo intelectual entre o budismo e o cristianismo: para o budista ou o teosofista, a personalidade é a queda do homem; para o cristão, ela é o propósito de Deus, o ponto principal de Sua ideia cósmica. A alma do mundo dos teosofistas pede ao homem para amá-lo apenas para que o homem possa se lançar nele. Mas o divino centro do cristianismo de fato expulsou o homem para que este pudesse amá-lo. A divindade oriental é como um gigante que talvez tenha perdido a perna ou a mão e está sempre procurando encontrá-la, mas o poder cristão é como um gigante que, numa estranha generosidade, cortaria a mão direita, de modo que ela, por vontade própria, pudesse cumprimentá-lo.

Voltamos à mesma marca incansável que toca a natureza do cristianismo: todas as filosofias modernas são cadeias que se conectam e se prendem; o cristianismo é uma espada que separa e liberta. Nenhuma outra filosofia faz com que Deus realmente se regozije na separação do universo em almas vivas. Mas, de acordo com o cristianismo ortodoxo, essa separação entre Deus e o homem é sagrada, porque é eterna. Para que um homem possa amar a Deus, é necessário que não haja apenas um Deus para ser amado, mas um homem para amá-Lo.

Todas essas mentes teosóficas vagas, para as quais o universo é um imenso caldeirão, são exatamente as mentes que recuam instintivamente diante daquele terremoto mencionado em nossos Evangelhos, que declaram que o Filho de Deus não veio com paz, mas com uma espada de separação[177]. A frase soa inteiramente verdadeira, mesmo considerada o que obviamente é: a afirmação de que qualquer homem que prega o amor verdadeiro está fadado a gerar ódio. Isto é verdadeiro com respeito à fraternidade democrática como o é com relação ao amor divino: amor falso termina em compromisso e filosofia comum, mas o amor verdadeiro sempre terminou em derramamento de sangue.

177 Referência a Mateus 27.51-54; 10.34,35. (N.T)

No entanto, há outra e ainda mais terrível verdade por trás do óbvio significado dessa declaração de nosso Senhor. De acordo com o próprio Filho, Ele mesmo era uma espada que separava irmão e irmão para que eles pudessem, por um éon, se odiar. Mas o Pai também foi uma espada, a qual, no início negro, separou irmão e irmão, para que eles pudessem, finalmente, amar um ao outro.

Esse é o significado da felicidade quase insana nos olhos do santo medieval na pintura. Esse é o significado dos olhos selados da soberba imagem budista. O santo cristão é feliz porque foi de fato cortado do mundo; ele está separado das coisas e está olhando para elas com espanto. Mas por que o santo budista deveria se surpreender com as coisas, já que há realmente apenas uma coisa, e que um ser impessoal dificilmente pode se espantar consigo mesmo?

Há muitos poemas panteístas que sugerem maravilhamento, mas nenhum realmente com bom resultado. O panteísta não pode se maravilhar, pois ele não pode louvar a Deus nem louvar algo tão distinto de si mesmo. Nosso objetivo imediato aqui, no entanto, é com o efeito dessa admiração cristã (que surge para fora, em direção a uma divindade distinta do adorador) sobre a necessidade geral de atividade ética e reforma social. E, com certeza, seu efeito é suficientemente óbvio. Não há possibilidade real de surgir do panteísmo qualquer impulso especial à ação moral. Pois o panteísmo, por sua natureza, implica que uma coisa é tão boa quanto a outra, enquanto a ação, por sua natureza, que uma coisa é muito preferível a outra.

Swinburne, do alto de seu ceticismo, tentou em vão lutar contra essa dificuldade. Em *Songs before Sunrise* [Canções diante do nascer do Sol], escrito sob a inspiração de Garibaldi[178] e a revolta da Itália, ele proclamou a mais nova religião e o mais puro Deus que deveria fazer murchar todos os sacerdotes do mundo:

---

178 Giuseppe Garibaldi (1807-1882), militar italiano, foi chamado de "Herói de dois mundos", por ter participado em conflitos na Europa e na América do Sul. Teve destacada participação no *Risorgimento* [Ressurgimento], movimento que buscou unificar a Itália, à época formada por pequenos Estados governados por potências estrangeiras. (N.T)

"O que tu fazes agora
Olhando em direção a Deus para clamar
eu sou eu, tu és tu,
eu sou mísero, tu és elevado,
eu sou tu a quem tu buscas para encontrá-lo, encontraste
a não ser a ti mesmo, tu és eu."

A dedução imediata e evidente que se faz a partir da obra é que os tiranos são tanto os filhos de Deus como os Garibaldis; e que o Rei Bomba de Nápoles[179], tendo, com o maior êxito, "se encontrado", é idêntico ao bem supremo em todas as coisas. A verdade é que a energia ocidental que destrona tiranos deveu-se diretamente à teologia ocidental que diz "Eu sou eu, tu és tu". A mesma separação espiritual que levantou os olhos e viu um bom rei no universo levantou os olhos e viu um mau em Nápoles. Os adoradores do deus Bomba destronaram o Bomba. Os adoradores do deus Swinburne cobriram a Ásia durante séculos e nunca destronaram um tirano.

O santo indiano pode fechar os olhos razoavelmente porque está olhando para aquilo que somos Eu e Tu e Nós e Eles e Isso. É uma ocupação racional, mas não é verdade em teoria e a não verdade em fato que ajuda o indiano a ficar de olho em Lord Curzon[180]. Aquela vigilância externa que sempre foi a marca do cristianismo (a ordem para que *vigiemos* e oremos)[181] se expressou tanto na típica ortodoxia ocidental quanto na típica política ocidental, mas ambas dependem da ideia de uma divindade transcendente, diferente de nós mesmos, uma divindade que desaparece. Certamente, os credos mais perspicazes

179 Fernando II (1810-1859), rei das Duas Sicílias. Os primeiros anos de seu reinado foram por moderação e por grande desenvolvimento. No entanto, em resposta a revoltas internas, tornou-se autoritário. Foi chamado de "Rei Bomba" por causa da violência que seu exército empregava para reprimir revoltosos na Sicília, especialmente pelo bombardeamento de Messina em 1848. (N.T)

180 George Nathaniel Curzon (1859-1925), estadista conservador britânico, serviu como vice-rei da Índia de 1899 a 1905. (N.T)

181 Referência a Lucas 21.36. (N.T)

podem sugerir que devemos buscar a Deus em círculos cada vez mais profundos do labirinto de nosso próprio ego. Mas só, nós da cristandade, dissemos que devíamos caçar a Deus como uma águia sobre as montanhas: e matamos todos os monstros enquanto caçamos.

Desse modo, descobrimos aqui, uma vez mais, que, à medida que valorizamos a democracia e as energias de autorrenovação do Ocidente, estamos muito mais prontos a encontrá-las na velha teologia do que na nova. Se queremos a reforma, devemos aderir à ortodoxia, especialmente nesta questão (tão discutida nas recomendações do sr. R. J. Campbell[182]) de insistir ou na divindade imanente ou transcendente. Ao insistir especialmente na imanência de Deus, temos introspecção, autoisolamento, quietismo, indiferença social; o Tibete. Ao insistir especialmente na transcendência de Deus, temos admiração, curiosidade, aventura moral e política, justa indignação; a cristandade. Insistindo em que Deus está dentro do homem, o homem está sempre dentro de si mesmo. Ao insistir que Deus transcende o homem, o homem transcendeu a si mesmo.

Se tomarmos qualquer outra doutrina que tenha sido chamada antiquada, encontraremos o mesmo caso. É o que ocorre, por exemplo, na questão profunda da Trindade. Os unitaristas (uma seita que nunca será mencionada sem um respeito especial por sua distinta dignidade intelectual e alta honra intelectual) são frequentemente reformadores pelo fato acidental que joga tantas pequenas seitas nessa situação.

Mas não há absolutamente nada liberal ou semelhante à reforma na substituição da Trindade pelo monoteísmo puro. O complexo Deus do Credo Atanasiano[183] pode ser um enigma para o intelecto, mas Nele é muito menos provável que se reúnam o mistério e a crueldade de um

182 Reginald John Campbell (1867-1956), teólogo congregacionalista e, posteriormente, anglicano. Foi um pregador bastante popular e se destacou no movimento "A nova teologia". Segundo ele, o Jesus do protestantismo liberal não existia e o Jesus histórico era muito mais próximo daquele ensinado na doutrina católica. (N.T)

183 Essa confissão de fé leva o nome do bispo de Alexandria do séc. IV por ser a ele atribuído. Seu principal foco é combater o arianismo e reafirmar o ortodoxo ensinamento a respeito da Trindade, nesse Credo chamado de "fé universal". (N.T)

sultão do que no deus solitário de Omar ou de Maomé[184]. O deus que é uma mera unidade terrível não é apenas um rei, mas um rei oriental.

O *coração* da humanidade, especialmente da humanidade europeia, está certamente muito mais satisfeito com as estranhas alusões e símbolos que se reúnem em torno da ideia trinitária: a imagem de um conselho no qual a misericórdia pleiteia, bem como a justiça, a concepção de uma espécie de liberdade e de variedade existentes mesmo na câmara mais interior do mundo. Pois a religião ocidental sempre teve consciência profunda da ideia de que "não é bom que o homem esteja só"[185]. O instinto social vindicava-se em todos os lugares, como quando a ideia oriental de eremitas foi praticamente expulsa pela ideia ocidental de monges. Assim, até o ascetismo se tornou fraternal, e os trapistas[186] eram sociáveis mesmo quando estavam em silêncio.

Se esse amor pela complexidade viva é o teste para nós, certamente é mais saudável ter a religião trinitária do que a unitarista. Para nós, trinitarianos (se é que posso dizer com reverência), o próprio Deus é uma sociedade. É de fato um insondável mistério teológico, e, mesmo se eu fosse teólogo capacitado para lidar diretamente com esse assunto, não seria relevante fazê-lo aqui. É suficiente dizer que esse enigma triplo é tão reconfortante quanto o vinho e tão evidente quanto uma lareira inglesa; que essa coisa que desconcerta o intelecto, em geral, acalma o coração; mas, saindo do deserto, dos lugares áridos e dos sóis terríveis, vêm os filhos cruéis do Deus solitário, os verdadeiros unitaristas que, com cimitarra na mão, devastaram o mundo. Pois não é bom que Deus esteja só.

---

184 Omar ibne Alcatabe (c. 586-644), um dos mais poderosos governantes muçulmanos. Uma de suas filhas, Hafsa, casou-se com Abul Alcacim Maomé ibne Abdalá ibne Abdal Mutalibe ibne Haxim, mais conhecido como Maomé (c. 571-632), líder religioso, político e militar árabe. Segundo o islamismo, Maomé é o último profeta do Deus de Abraão. (N.T)

185 Gênesis 2.18. (N.T)

186 A Ordem dos Cistercienses Reformados de Estrita Observância, comumente conhecida por Ordem Trapista, derivou-se da Ordem de Cister. Seu nome popular não tem relação com trapos ou farrapos, mas origina-se de seu primeiro mosteiro, a Abadia de La Trappe. (N.T)

Em mais um caso, o mesmo acontece com a difícil questão do perigo que a alma corre, que tem perturbado a mente de tantos justos. Ter esperança por todas as almas é imperativo, e é bastante defensável que a salvação delas seja inevitável. É defensável, mas não é especialmente favorável à atividade ou ao progresso. Nossa sociedade combativa e criadora deve antes insistir no perigo que todos correm, no fato de que todo homem está pendurado por um fio ou está agarrado à borda de um precipício. Dizer que tudo estará bem de um modo ou de outro é uma observação compreensível, mas não pode ser chamado de clangor de trombeta.

A Europa deveria antes enfatizar a possível perdição, e a Europa sempre enfatizou isso. Aqui a sua mais elevada religião se identifica com todos os seus mais baratos romances. Para o budista ou o fatalista oriental, a existência é uma ciência ou um plano que deve acabar de certa maneira. Mas, para uma existência cristã, é uma *história* que pode acabar de alguma maneira. Em um romance emocionante (esse produto puramente cristão), o herói não é comido pelos canibais, mas é essencial para a existência da emoção que ele *possa* ser comido pelos canibais. O herói deve (por assim dizer) ser um herói comestível. Então, a moral cristã sempre disse ao homem não que ele perderia a alma, mas que ele deveria tomar cuidado para que não a perdesse. Na moral cristã, em suma, é perverso chamar um homem de "condenado", mas é estritamente religioso e filosófico chamá-lo de condenável.

Todo o cristianismo se concentra no homem na encruzilhada. As filosofias vastas e superficiais, as enormes sínteses do engano, falam todas elas de eras e de evolução e de desenvolvimentos finais. A verdadeira filosofia está preocupada com o instante. O homem seguirá esse caminho ou aquele? essa é a única coisa em que pensar, se você se agrada em pensar. É fácil de pensar nos éons, qualquer um pode pensar neles. O instante é de fato terrível, e é porque nossa religião sentiu intensamente o instante, que na literatura lidou muito com batalhas e na teologia lidou muito com o inferno. O instante está cheio de *perigo*, como o livro de um menino: ele está em uma crise imortal.

Existe uma grande similaridade entre a ficção popular e a religião do povo ocidental. Se você diz que a ficção popular é vulgar e de mau gosto, só diz o que os tristes e bem informados dizem também sobre as imagens nas igrejas católicas. A vida (de acordo com a fé) é muito parecida com uma história seriada publicada em revista: a vida termina com a promessa (ou ameaça) de "continua na próxima edição". Além disso, com uma vulgaridade nobre, a vida imita a série e termina no momento emocionante. Pois a morte é distintamente um momento emocionante.

Mas o ponto é que uma história é emocionante porque tem nela um forte elemento de vontade, ao qual a teologia chama de livre-arbítrio. Você não pode terminar uma soma como quiser. Mas você pode terminar uma história como quiser. Quando alguém descobriu o Cálculo Diferencial, havia apenas um Cálculo Diferencial que ele poderia descobrir. Mas, quando Shakespeare matou Romeu, ele poderia tê-lo casado com a velha babá de Julieta, se ele se sentisse inclinado. E a cristandade se destacou no romance narrativo exatamente porque insistiu no livre-arbítrio teológico.

É uma questão ampla que se inclina demais em direção a um lado da estrada para ser discutida adequadamente aqui, mas essa é a verdadeira objeção à torrente de conversas modernas sobre tratar o crime como doença, sobre fazer da prisão apenas um ambiente higiênico como um hospital, de curar o pecado por lentos métodos científicos. A falácia da coisa toda é que o mal é uma questão de escolha ativa, enquanto a doença não é. Se você disser que vai curar um libertino como cura um asmático, minha resposta de pouco valor e óbvia é: "apresente as pessoas que querem ser asmáticas, pois muitas pessoas querem ser libertinas".

Um homem pode ficar deitado e quieto e ser curado de uma enfermidade. Mas ele não deve ficar deitado e quieto se quiser ser curado de um pecado; pelo contrário, ele deve se levantar e se mover violentamente. A questão toda é perfeitamente expressa na própria palavra que usamos para o homem hospitalizado: "paciente" está no modo passivo; "pecador" está no ativo. Se um homem é salvo da gripe, ele pode ser um paciente. Mas, se deve ser salvo da mentira, ele não deve ser paciente, mas *impaciente*. Ele deve estar pessoalmente impaciente com a mentira. Toda reforma moral deve começar com uma vontade ativa, e não passiva.

Aqui, uma vez mais, chegamos à mesma conclusão substancial. À medida que desejarmos as reconstruções definidas e as perigosas revoluções que distinguiram a civilização europeia, não desencorajaremos o pensamento de uma possível ruína; nós preferimos encorajá-lo. Se quisermos, como os santos orientais, simplesmente contemplar quão certas as coisas estão, é claro que apenas diremos que elas devem dar certo. Mas, se queremos particularmente *fazer* com que elas deem certo, devemos insistir que elas podem dar errado.

Por fim, essa verdade é também verdadeira no caso das tentativas modernas comuns de diminuir ou de dar satisfações sobre a divindade de Cristo. A coisa pode ser verdadeira ou não (lidarei com isso antes de concluir). Mas, se a divindade é verdadeira, com certeza é terrivelmente revolucionária. Que um bom homem pode estar encurralado não é nenhuma novidade; mas que Deus poderia estar encurralado é um orgulho para todos os insurgentes para sempre.

O cristianismo é a única religião na Terra que percebeu que a onipotência fez Deus incompleto. Só o cristianismo sentiu que Deus, para ser inteiramente Deus, deve ser um rebelde bem como um rei. À parte de todos os credos, o cristianismo acrescentou coragem às virtudes do Criador. Pois a única coragem digna de ser chamada de coragem deve necessariamente significar que a alma passa por um ponto de ruptura, e não se rompe.

Com efeito, trato de uma questão que, por ser sombria e terrível, não é fácil de discutir; e peço desculpas antecipadamente se alguma de minhas frases der errado ou parecer irreverente a respeito de um assunto que os maiores santos e pensadores temiam, com justiça, abordar. Mas nesse terrível conto da Paixão há uma sugestão emocional distinta de que o Autor de todas as coisas (de algum modo impensável) encaminhou-se não só pela agonia, mas pela dúvida.

Está escrito: "Não tentarás ao Senhor, teu Deus"[187]. Não! Mas o Senhor, teu Deus, pode tentar a Si mesmo. E parece que foi isso que aconteceu no Getsêmani. Em um jardim, Satanás tentou o homem, e em um jardim Deus tentou a Deus. Ele passou, de alguma maneira sobre-humana, por nosso horror humano do pessimismo. O mundo tremeu e o Sol se escondeu no céu não na crucificação, mas no brado da cruz: o brado que confessou que Deus foi abandonado por Deus[188]. E agora deixemos que os revolucionários escolham um credo entre todos os credos e um deus entre todos os deuses do mundo, pesando cuidadosamente todos os deuses de inevitável recorrência e de poder inalterável. Eles não encontrarão outro deus que esteja em revolta. Não (o assunto torna-se muito difícil para a fala humana), mas deixe os ateus escolherem um deus. Eles encontrarão apenas uma divindade que já expressou o isolamento deles; apenas uma religião em que Deus pareceu por um instante ser ateu.

Esses podem ser chamados os fundamentos da antiga ortodoxia, dos quais o principal mérito é ser a fonte natural de revolução e reforma, e dos quais o principal defeito é ser, obviamente, apenas uma afirmação abstrata. Sua principal vantagem é ser a mais aventureira e viril de todas as teologias. Sua principal desvantagem é ser simplesmente uma teologia. Pode-se sempre argumentar contra ela que, por natureza, é arbitrária e elevada no ar. Mas não está tão elevada no ar que os grandes arqueiros não passem a vida inteira atirando flechas nela; sim, e suas últimas flechas. Há homens que se arruinarão e arruinarão sua civilização se conseguirem também arruinar esse antigo conto fantástico.

Este é o último e mais surpreendente fato sobre essa fé: seus inimigos usarão qualquer arma contra ela, as espadas que lhes cortam os próprios dedos e os incendiários que lhes queimam as próprias casas. Os homens que começam a lutar contra a Igreja pelo bem da liberdade e da humanidade acabam pondo de lado a liberdade e a

187 Mateus 4.7. (N.T)

188 Mateus 27.46. (N.T)

humanidade para poderem, assim, lutar contra a Igreja. Isso não é exagero; eu poderia encher um livro com exemplos.

O sr. Blatchford empenhou-se, como um destruidor comum da Bíblia, em provar que Adão era inocente do pecado contra Deus. Nas manobras para sustentar isso, ele admitiu, como mera questão paralela, que todos os tiranos, de Nero ao rei Leopoldo[189], eram inocentes de qualquer pecado contra a humanidade. Conheço um homem que tem tanta paixão por provar que não terá existência pessoal após a morte que se inclina à posição de não ter existência pessoal agora. Ele invoca o budismo e diz que todas as almas se desvanecem umas nas outras. A fim de provar que não pode ir para o céu, ele prova que não pode ir a Hartlepool[190].

Conheço pessoas que protestaram contra a educação religiosa com argumentos contra qualquer educação, dizendo que a mente da criança deve se desenvolver livremente ou que o idoso não deve ensinar os jovens. Conheci pessoas que mostraram que não poderia haver julgamento divino mostrando que não pode haver julgamento humano, mesmo para fins práticos. Elas queimaram o próprio milho para incendiar a igreja; elas quebraram as próprias ferramentas para esmagá-la; qualquer pedaço de pau era bastante bom para com ele bater, embora fosse o último pedaço de sua mobília despedaçada. Nós não admiramos, nós dificilmente desculpamos o fanático que destrói este mundo por amor ao outro. Mas o que dizer do fanático que destrói este mundo por ódio ao outro? Ele sacrifica a própria existência da humanidade à inexistência de Deus. Ele oferece suas vítimas não ao altar, mas apenas para afirmar a ociosidade do altar e o vazio do trono.

---

189 Nero Cláudio César Augusto Germânico (37-68), imperador romano. Embora culto e com habilidades diplomáticas e militares, tornou-se conhecido pela perversidade, tendo mandado matar a mãe, o meio-irmão e vários opositores, e pela severa perseguição contra os cristãos. Leopoldo II (1835-1909), segundo rei dos belgas. Em sua colonização do Congo, assassinou milhares de habitantes e escravizou outros tantos para a mineração do ouro e para a caça a elefantes, a fim de obter marfim. Castigava com amputação de mãos e pés aqueles que não cumpriam as cotas estabelecidas. Sua ação naquele país causou a morte de aproximadamente dez milhões de congoleses. (N.T)

190 Cidade costeira no condado de Durham, na Inglaterra, fundada no séc. VII. (N.T)

Ele está pronto para arruinar até mesmo a ética primária pela qual todas as coisas vivem, por causa de sua estranha e eterna vingança contra alguém que nunca viveu.

E, no entanto, a coisa paira no céu, ilesa. Seus oponentes só conseguem destruir tudo o que eles mesmos justamente prezam. Eles não destroem a ortodoxia; eles apenas destroem o senso de coragem política e comum. Eles não provam que Adão não era responsável diante de Deus; como eles poderiam provar isso? Eles só provam (a partir de suas premissas) que o czar não é responsável diante da Rússia. Eles não provam que Adão não deveria ter sido punido por Deus; eles só provam que o explorador de empregados mais próximo não deve ser punido pelos homens. Com suas dúvidas orientais sobre a personalidade, eles não se certificam de que não teremos vida pessoal no futuro; eles só garantem que não teremos uma vida muito alegre ou completa aqui.

Com suas alusões paralisantes de todas as conclusões que se mostram erradas, elas não rasgam o livro do Anjo Anotador[191]; eles só tornam um pouco mais difícil manter os livros de Marshall & Snelgrove[192]. Não somente a fé é a mãe de todas as energias mundanas, como os inimigos dela são os pais de toda confusão mundana. Os secularistas não destruíram as coisas divinas; os secularistas destruíram as coisas seculares, se isso traz algum consolo para eles. Os Titãs não escalaram o céu, mas devastaram o mundo.

191 Referência a Apocalipse 10.1,2. (N.T)

192 Loja de departamentos londrina, iniciada em 1837. (N.T)

CAPÍTULO IX

A AUTORIDADE E O AVENTUREIRO

O último capítulo ocupou-se com a afirmação de que a ortodoxia não é apenas (como é frequentemente argumentado) o único guardião seguro da moralidade ou da ordem, mas é também o único guardião lógico da liberdade, da inovação e do avanço. Se desejamos derrubar o opressor próspero, não podemos fazê-lo com a nova doutrina da perfectibilidade humana, mas podemos fazê-lo com a velha doutrina do Pecado Original. Se quisermos erradicar as crueldades inerentes ou erguer as populações perdidas, não podemos fazê-lo com a teoria científica de que a matéria precede a mente, mas podemos fazê-lo com a teoria sobrenatural de que a mente precede a matéria.

Se desejamos, de modo especial, despertar as pessoas para a vigilância social e a busca incansável da experiência, não podemos ajudar muito insistindo no Deus Imanente e na Luz Interior, pois essas são, na melhor das hipóteses, motivos de satisfação; mas podemos ajudar muito insistindo no Deus transcendente e no fulgor que se desvanece no ar e foge, pois isso significa descontentamento divino. Se desejamos, de modo particular, afirmar a ideia de um equilíbrio generoso contra uma autocracia terrível, seremos instintivamente trinitarianos, e não unitaristas. Se desejamos que a civilização europeia seja uma incursão e um resgate, insistiremos em que as almas estão em perigo real e não em que o risco delas é, em última análise, irreal.

E, se quisermos exaltar os excluídos e os crucificados, desejaremos pensar que um verdadeiro Deus foi crucificado, não um simples sábio ou herói. Acima de tudo, se quisermos proteger os pobres, seremos a favor de regras fixas e de dogmas claros. As *regras* de um clube são ocasionalmente a favor do membro pobre. A tendência de um clube é sempre a favor do rico.

E agora chegamos à questão crucial que de fato conclui todo o assunto. Um agnóstico razoável, se tiver concordado comigo até agora, pode simplesmente voltar-se e dizer: "você encontrou uma filosofia prática na doutrina da Queda. Muito bem! Muito sabiamente você encontrou, afirmado no Pecado Original, um aspecto da democracia agora perigosamente negligenciada. Tudo bem! Você encontrou uma verdade na doutrina do inferno. Eu o parabenizo! Você está convencido de que os adoradores de um Deus pessoal olham para fora e são progressistas. Eu os parabenizo! Mas, mesmo supondo que essas doutrinas incluam tais verdades, por que você não pode tomar as verdades e deixar as doutrinas? Admitindo que toda a sociedade moderna está confiando demais nos ricos porque não permite a fraqueza humana; admitindo que as eras ortodoxas tiveram uma grande vantagem porque (acreditando na Queda) permitiram a fraqueza humana, por que você não pode simplesmente permitir a fraqueza humana sem acreditar na Queda?

"Se você descobriu que a ideia de danação representa uma ideia saudável de perigo, por que não pode simplesmente tomar a ideia de perigo e deixar a ideia de danação? Se você vê claramente a polpa do senso comum na noz da ortodoxia cristã, por que não pode simplesmente pegar a polpa e deixar a noz? Por que você não pode (para usar aquele jargão dos jornais que eu, como um agnóstico altamente erudito, tenho um pouco de vergonha de usar), por que você não pode apenas pegar o que é bom no cristianismo, aquilo que você pode definir como valioso, o que você pode compreender, e deixar tudo o mais, todos os dogmas absolutos que são, por sua natureza, incompreensíveis?" Essa é a verdadeira questão, essa é a última questão, e é um prazer tentar respondê-la.

A primeira resposta é simplesmente dizer que sou racionalista. Gosto de ter alguma justificativa intelectual para minhas intuições. Se estou tratando o homem como um ser caído, é, para mim, intelectualmente conveniente acreditar que ele caiu; e acho, por alguma estranha razão psicológica, que posso lidar melhor com o exercício de livre-arbítrio do homem se acredito que ele o tenha.

Mas, nesse assunto, sou ainda mais definitivamente racionalista. Não proponho transformar este livro em uma apologética cristã comum. Eu ficaria feliz em encontrar, em qualquer outro momento, os inimigos do cristianismo naquela arena mais óbvia. Aqui estou apenas apresentando um registro de meu próprio crescimento na convicção espiritual. Mas posso fazer uma pausa para observar que, quanto mais eu via os argumentos meramente abstratos contra a cosmologia cristã, menos eu pensava neles. Quero dizer que, tendo entendido a atmosfera moral da Encarnação como o senso comum, eu, então, fitei os estabelecidos argumentos intelectuais contra a Encarnação e os achei um absurdo comum. No caso de alguém pensar que o argumento sofra com a ausência da apologética comum, resumirei aqui meus próprios argumentos e conclusões sobre a verdade puramente objetiva ou científica da questão.

Se me perguntam, como questionamento puramente intelectual, por que creio no cristianismo, posso tão somente responder: "pela mesma razão que um agnóstico inteligente descrê no cristianismo". Eu creio nele de forma bastante racional, apoiada sobre as evidências. Mas a evidência, em meu caso, como no caso do agnóstico inteligente, não está realmente nessa ou naquela suposta demonstração; é, antes, um enorme acúmulo de fatos pequenos, mas unânimes.

O secularista não deve ser culpado, porque suas objeções ao cristianismo são variadas e até incoerentes; é precisamente essa evidência incoerente que convence a mente. Quero dizer que um homem pode estar menos convencido de uma filosofia vinda de quatro livros do que daquela que veio de um livro, de uma batalha, de uma paisagem e de um velho amigo. O próprio fato de as coisas serem de tipos diferentes aumenta a importância do fato de que todas elas apontam para uma conclusão. Por outro lado, o não cristianismo do homem médio educado hoje em dia é quase sempre, para fazer justiça a ele, composto dessas experiências vagas, mas vivas.

Posso apenas dizer que minhas evidências a favor do cristianismo são do mesmo tipo vívido, mas variado, que as evidências daquele homem contra ele. Pois, quando olho para essas várias verdades anticristãs, logo percebo que nenhuma delas é verdadeira. Percebo que a verdadeira maré e a força de todos os fatos fluem para o outro lado. Vamos tomar alguns exemplos.

Muitos homens modernos e sensatos devem ter abandonado o cristianismo sob a pressão de três convicções convergentes como estas: primeira, os homens, com sua forma, estrutura e sexualidade, são, afinal, muito parecidos com animais selvagens, uma mera variedade do reino animal; segunda: a religião primitiva surgiu da ignorância e do medo; terceira: os sacerdotes têm destruído as sociedades com amargura e trevas.

Esses três argumentos anticristãos são muito diferentes entre si, mas são todos bastante lógicos e legítimos, e todos eles convergem. A única objeção a eles (eu percebi) é que são todos falsos. Se você parar de olhar para livros sobre animais e homens e se começar a olhar para animais e homens, então (se você tiver algum humor ou imaginação, algum senso do desvairado ou do ridículo) observará que a coisa surpreendente não é o quanto o homem se parece com os animais, mas o quanto ele não se parece. É a extensão monstruosa de sua divergência que requer uma explicação.

Que homem e animal são parecidos é, em certo sentido, um truísmo; mas, sendo tão parecidos, o fato de serem tão insensatamente diferentes é o choque e o enigma. O macaco ter mãos é muito menos interessante para o filósofo do que o fato de que, embora tendo mãos, ele não faz quase nada com elas: não joga *knuckle-bones*[193] nem toca violino, não esculpe mármore nem trincha carne de carneiro. As pessoas falam de arquitetura bárbara e arte falsificada. Mas elefantes não constroem templos colossais de marfim mesmo em estilo rococó; camelos não pintam nem imagens ruins, embora sejam equipados com o material de muitos pincéis de pelo de camelo.

Alguns sonhadores modernos dizem que formigas e abelhas têm uma sociedade superior à nossa. Elas têm, de fato, uma civilização, mas essa verdade só nos lembra que ela é uma civilização inferior. Quem já encontrou um formigueiro decorado com estátuas de formigas célebres? Quem viu uma colmeia esculpida com imagens de lindas rainhas de antigamente? Ninguém!

O abismo entre o homem e outras criaturas pode ter uma explicação natural, mas é um abismo. Nós falamos de animais selvagens, mas o homem é o único animal selvagem. Foi o homem que escapou. Todos os outros animais são animais dóceis, seguindo a rigorosa respeitabilidade de sua tribo ou de sua espécie. Todos os outros animais são animais domésticos; somente o homem é sempre indomesticado, seja ele um devasso ou um monge. De modo que essa primeira razão superficial para o materialismo é, quando muito, uma razão para haver seu oposto; é exatamente onde a biologia sai que toda religião começa.

O mesmo se dará se eu examinar o segundo dos três argumentos racionalistas do acaso: o argumento de que tudo o que chamamos de divino começou por conta de alguma escuridão e terror. Quando tentei examinar os fundamentos dessa ideia moderna, percebi facilmente que não havia nenhuma. A ciência nada sabe sobre o homem pré-histórico, pela excelente razão de que ele é pré-histórico. Alguns estudiosos escolhem conjecturar que coisas como o sacrifício humano já foram inocentes e disseminadas e que diminuíram gradualmente,

193 Osso metacárpico e metatársico de carneiros e também o nome de um jogo infantil em que esses ossos são usados. (N.T)

mas não há evidência direta disso, e a pequena quantidade de evidências indiretas é muito diferente.

Nas lendas mais antigas que temos, tais como as narrativas sobre Isaque[194] e Ifigênia[195], o sacrifício humano não é apresentado como algo antigo, mas como algo novo, como uma estranha e assustadora exceção sombriamente exigida pelos deuses. A história não diz nada, e todas as lendas dizem que a Terra era mais gentil em seus primórdios. Não há tradição de progresso, mas toda a raça humana tem a tradição da Queda. É muito curioso, de fato, que a própria disseminação dessa ideia é usada contra sua autenticidade. Os homens instruídos literalmente dizem que essa calamidade pré-histórica não pode ser verdadeira, pois cada raça da humanidade se lembra dela. Não consigo acompanhar esses paradoxos.

E ocorreria o mesmo se pegássemos o terceiro exemplo fortuito: o ponto de vista de que os sacerdotes obscurecem e amarguram o mundo. Eu olho para o mundo e tão somente percebo que eles não o fazem. Os países da Europa que ainda são influenciados por sacerdotes são exatamente os países onde ainda há canto e dança e vestidos coloridos e arte ao ar livre. A doutrina e a disciplina católicas podem ser muros, mas são os muros de um parquinho infantil.

O cristianismo é a única estrutura que preservou o prazer do paganismo. Podemos imaginar algumas crianças brincando no planalto gramado de uma ilha elevada no mar. Enquanto houvesse um muro ao redor da borda do penhasco, elas poderiam se entregar a todos os jogos desvairados e tornar o local a mais barulhenta das creches. Mas os muros foram derrubados, deixando exposto o perigo do precipício. Elas não caíram, mas, quando seus amigos regressaram

194 Referência a Gênesis 22.1-19. (N.T)

195 Lenda grega. Agamemnon, rei de Micenas, havia matado uma corsa em um dos bosques de Ártemis, deusa grega da vida selvagem. Como vingança, ela fez imperar uma calmaria no mar, o que impedia que o rei navegasse contra Troia. A deusa informou ao rei que sua ira seria aplacada com o sacrifício de Ifigênia, filha dele. Agamemnon, conhecido por sua crueldade, aceitou. Em uma das versões da lenda, a moça foi substituída por uma corça, sem que o pai percebesse; em outra versão, ela é, de fato, sacrificada. (N.T)

para elas, todos se amontoaram de terror no centro da ilha, e sua cantoria cessou.

Assim, esses três fatos da experiência, fatos esses que fazem um agnóstico, são, nesse ponto de vista, totalmente invertidos. Resta-me dizer: "em primeiro lugar, dê-me uma explicação sobre a altaneira excentricidade do homem entre os animais; em segundo, sobre a vasta tradição humana a respeito de alguma antiga felicidade; em terceiro, sobre a parcial perpetuação de certa alegria pagã nos países da Igreja Católica".

Uma explicação, em alguma medida, abrange os três: a teoria de que a ordem natural foi interrompida duas vezes por alguma explosão ou revelação agora chamada pelas pessoas de "psíquica". Numa das vezes, o Céu veio à Terra com um poder ou um selo chamado "a imagem de Deus", por meio do qual o homem assumiu o comando sobre a natureza; e, na outra vez (quando, império após império, os homens foram achados em falta)[196], o Céu veio para salvar a humanidade na sublime[197] forma de um homem.

Isso explicaria por que a maioria dos homens sempre olha para trás e por que o único canto onde eles, de algum modo, olham para a frente é o pequeno continente onde Cristo tem Sua Igreja. Eu sei que alguém dirá que o Japão se tornou progressista. Mas como isso pode ser uma resposta, uma vez que, ao dizer: "o Japão se tornou progressista", queremos realmente dizer apenas que: "o Japão se tornou europeu"?

Todavia, desejo aqui não tanto insistir em minha própria explicação, mas insistir em minha observação original. Concordo com o homem incrédulo comum na rua ao ser guiado por três ou quatro fatos estranhos apontando para alguma coisa. Foi somente quando vim a olhar para os fatos que percebi que eles apontavam para outra coisa.

196 Referência a Daniel 5.27. (N.T)

197 A palavra *awful* pode ser traduzida também por "terrível, tremenda, horrível, horrorosa, medonha; impressionante; respeitável, merecedora de veneração, sublime". Optamos por esse último significado, que é considerado arcaico, por parecer-nos corresponder melhor ao pensamento do autor. (N.T)

Apresentei uma tríade imaginária desses argumentos anticristãos ordinários; se essa for uma base muito estreita, apresentarei, no impulso do momento, outro. Esses são o tipo de pensamento que, em combinação, criam a impressão de que o cristianismo é algo fraco e doente. O primeiro, por exemplo, é que Jesus era uma criatura gentil, tímida e não mundana, que fazia um mero apelo ineficaz ao mundo; o segundo é que o cristianismo surgiu e floresceu nas eras negras da ignorância, para as quais a Igreja nos arrastaria de volta; o terceiro é que as pessoas ainda fortemente religiosas ou (se quiserem) supersticiosas, – pessoas como os irlandeses – são fracas, pouco práticas e atrasadas. Menciono essas ideias apenas para afirmar a mesma coisa: quando as examinei de modo independente, descobri não que as conclusões não fossem filosóficas, mas simplesmente que os fatos não eram fatos.

Em vez de olhar para livros e gravuras sobre o Novo Testamento, olhei para o Novo Testamento. Lá encontrei um relato não de uma pessoa com o cabelo repartido ao meio ou com as mãos unidas em um apelo, mas de um ser extraordinário com lábios de trovão e atos de sombria decisão, virando mesas, expulsando demônios, passando com o segredo selvagem do vento do isolamento das montanhas a uma espécie de terrível demagogia; um ser que muitas vezes agia como um deus raivoso, e sempre como um deus. Cristo tinha até mesmo um estilo literário próprio, que não pode ser encontrado, penso eu, em qualquer outro lugar. Consiste em um uso quase furioso do *a fortiori*[198]. Seus "eu, porém, vos digo" são empilhados um sobre o outro como castelo sobre castelo nas nuvens.

A maneira de falar *sobre* Cristo tem sido, e talvez sabiamente, doce e submissa. Mas a maneira de falar usada por Cristo é curiosamente gigantesca: está cheio de camelos passando por agulhas e montanhas arremessadas no mar. Moralmente é igualmente fantástico: ele se chamava de espada de matança e dizia aos homens que vendessem o

198 Locução latina que significa "com mais razão". É usada para indicar que determinada conclusão deve ser aceita, pois, pela lógica, é mais verdadeira do que a anterior. Se a verdade anterior é aceita, logo, essa outra deve ser muito mais aceita. (N.T)

manto para que comprassem espadas[199]. O fato Dele ter usado outras palavras ainda mais extraordinárias a favor da não resistência aumenta grandemente o mistério; mas também, se não para outra coisa, aumenta a violência. Não podemos nem explicar essas coisas chamando a tal ser de insano, pois a insanidade é geralmente acompanhada de uma manifestação constante. O maníaco é geralmente um monomaníaco.

Aqui devemos nos lembrar da difícil definição de cristianismo já dada: o cristianismo é um paradoxo sobre-humano em que duas paixões opostas podem fazer luzir uma à outra. A única explicação da linguagem do Evangelho que explica isso é tratar-se da avaliação de alguém que, de alguma altura sobrenatural, contempla uma síntese mais surpreendente.

Tomo, pela ordem, o próximo exemplo apresentado: a ideia de que o cristianismo pertence à Idade das Trevas. Aqui não me satisfiz com a leitura de generalizações modernas; li um pouco de história. E, na história, entendi que o cristianismo, longe de pertencer à Idade das Trevas, era o único caminho através da Idade das Trevas que não era trevoso. Era uma ponte brilhante conectando duas civilizações brilhantes.

Se alguém diz que a fé surgiu em meio à ignorância e à selvageria, a resposta é simples: não foi isso que ocorreu. Ela surgiu na civilização mediterrânea em pleno ápice do Império Romano. O mundo estava repleto de céticos, e o panteísmo era tão claro quanto o Sol, quando Constantino pregou a cruz no mastro[200]. É perfeitamente verdade que, depois disso, o navio afundou, mas é muito mais extraordinário que o navio tenha voltado a emergir: repintado e brilhante, com a cruz ainda no topo. Esta é a coisa assombrosa que a religião fez: transformou um navio afundado em um submarino.

---

199 Referência a Mateus 10.34 e a Lucas 22.36. (N.T)

200 Flávio Valério Constantino (272-337), imperador romano, alegava ter sonhado, na noite anterior à Batalha da Ponte Mílvia, em 312, com uma cruz na qual havia a inscrição "*In hoc signo vinces*" [Com este sinal vencerás]. Ele ordenou que se pintasse uma cruz (outras versões falam no monograma de Cristo) no escudo dos soldados. A vitória sobre o inimigo foi esmagadora e atribuída a Deus. Embora continuasse praticando ritos pagãos, Constantino I é tido como o primeiro imperador romano cristão. Ele tornou o cristianismo a religião oficial do império.

A arca vivia sob o peso das águas; depois de sermos enterrados sob as ruínas de dinastias e clãs, levantamo-nos e nos lembramos de Roma. Se nossa fé tivesse sido mera moda passageira do império que passava, moda teria seguido moda até o crepúsculo, e, se a civilização viesse a ressurgir (e muitas como essa nunca ressurgiram), estaria sob uma nova bandeira de povos bárbaros.

Mas a Igreja Cristã foi a última vida da velha sociedade e também foi a primeira vida da nova. Ela tomou as pessoas que estavam esquecendo como se fazia um arco e ensinou-as a inventar o arco gótico. Em suma, a coisa mais absurda que pode ser dita sobre a Igreja é aquilo que todos ouvimos dizer sobre ela. Como podemos dizer que a Igreja deseja nos levar de volta à Idade das Trevas? A Igreja foi a única coisa que nos tirou dela.

Acrescentei a essa segunda trindade de objeções um exemplo inútil, tomado daqueles que sentem que pessoas como os irlandeses devem ser enfraquecidas ou estagnadas por causa da superstição. Eu só o adicionei porque esse é um caso peculiar de uma declaração de fato que vem a ser uma declaração de falsidade.

É constantemente dito que os irlandeses não são práticos. Mas, se nos abstivermos por um momento de olhar para o que é dito sobre eles e olhar para o que é *feito* por eles, veremos que os irlandeses não são apenas práticos, mas, com muito penar, bem-sucedidos. A pobreza de seu país, da minoria de seus membros, é tão somente as condições sob as quais eles foram obrigados a trabalhar; mas nenhum outro grupo no Império Britânico fez tanto com tais condições. Os Nacionalistas foram a única minoria que conseguiu desviar todo o Parlamento britânico de seu caminho. Os camponeses irlandeses são os únicos homens pobres nessas ilhas que forçaram seus mestres a ceder relutantemente. Essas pessoas, a quem chamamos de controladas pelos padres, são os únicos bretões que não serão controlados por fazendeiros.

E, quando vim a olhar para o personagem irlandês real, dava-se o mesmo caso. Os irlandeses são *melhores* nas profissões especialmente difíceis: o metalúrgico, o advogado e o soldado. Em todos esses casos, portanto, voltei à mesma conclusão: o cético estava muito certo em seguir os fatos, só que ele não havia olhado para os fatos. O cético é crédulo demais; ele acredita em jornais ou mesmo em enciclopédias.

Uma vez mais, as três perguntas me deixaram com três perguntas muito antagônicas. O cético comum queria saber como eu explicava o tom piegas do Evangelho, a conexão do credo com as trevas medievais e a impraticabilidade política dos cristãos celtas. Mas eu queria perguntar, e perguntar com muitíssima urgência: "o que é essa energia incomparável que aparece primeiro em alguém andando na Terra como um julgamento vivo e essa energia que pode morrer com uma civilização moribunda e, apesar disso, forçá-la a uma ressurreição dos mortos? Essa energia que, por fim, pode inflamar camponeses falidos com uma fé tão firmada na justiça que eles conseguem o que pedem, enquanto outros são despedidos vazios, de modo que a ilha mais impotente do Império possa, de fato, ajudar a si mesma?".

Há uma resposta: é uma resposta dizer que a energia é verdadeiramente de fora do mundo; que é psíquica, ou, pelo menos, um dos resultados de uma verdadeira perturbação psíquica. A maior gratidão e o mais elevado respeito são dados às grandes civilizações humanas, como a egípcia antiga ou a chinesa atual. No entanto, não é injustiça dizer que só a Europa moderna tem exibido incessantemente um poder de renovação pessoal recorrente, muitas vezes em intervalos bem curtos e que desce até os menores fatos da construção ou dos costumes.

Todas as outras sociedades morrem ao final e com dignidade. Nós morremos diariamente. Estamos sempre nascendo de novo graças a uma obstetrícia quase indecente. Não é exagero dizer que existe na cristandade histórica uma espécie de vida antinatural: ela pode ser explicada como uma vida sobrenatural. Isso poderia ser explicado como uma terrível vida galvânica[201] trabalhando no que teria sido um

201 Nos sécs. XVIII e XIX, muitas experiências foram realizadas com a estimulação de músculos por meio de correntes elétricas, técnica chamada galvanismo. Andrew Ure (1778-1857), médico escocês, porém, acreditava que a eletricidade poderia devolver a vida aos mortos. (N.T)

cadáver. Nossa civilização *deveria* ter morrido, considerando todos os paralelos, considerando todas as probabilidades sociológicas, no Ragnorak[202] do fim de Roma. Essa é a estranha inspiração de nossa posição: você e eu não temos motivo algum para estar aqui. Voltamos todos do túmulo; todos os cristãos vivos são pagãos mortos perambulando por aí. Justo quando a Europa estava prestes a ser anexada em silêncio à Assíria e à Babilônia, algo entrou-lhe no corpo. E a Europa passou a ter uma vida estranha, não é demais dizer que ela tem tido *estremecimentos*, desde então.

Tratei longamente com essas tríades típicas de dúvida, a fim de conduzir à principal discussão: que meu próprio argumento a favor do cristianismo é racional, mas não é simples. É um acúmulo de fatos variados, como a atitude do agnóstico comum. No entanto, os fatos do agnóstico comum são todos errados. Ele é um descrente por uma infinidade de razões, mas elas são razões falsas. Ele duvida porque a Idade Média era bárbara, mas ela não era; porque o darwinismo é comprovado, mas não é; porque milagres não acontecem, mas eles acontecem; porque os monges eram preguiçosos, mas eles eram muito diligentes; porque as freiras são infelizes, mas elas são particularmente alegres; porque a arte cristã era triste e pálida, mas ela se distingue pelas cores peculiarmente brilhantes e alegres com ouro; porque a ciência moderna está se afastando do sobrenatural, mas não está: ela está se movendo em direção ao sobrenatural com a rapidez de uma locomotiva.

No entanto, entre esses milhões de fatos, todos fluindo para um lado, há, é claro, uma questão suficientemente sólida e distinta que não pode ser tratada brevemente e precisa ser tratada em separado: refiro-me à ocorrência objetiva do sobrenatural.

Em outro capítulo, indiquei a falácia da suposição comum de que o mundo deve ser impessoal porque é organizado. Uma pessoa tem a

---

202 Há um erro de grafia no original. O correto é Ragnarök, que significa "consumação do destino dos poderes supremos" ou "destino dos deuses", termo da mitologia nórdica que se refere a uma série de eventos que levariam ao fim do universo e à morte dos deuses. (N.T)

mesma probabilidade de desejar tanto uma coisa organizada quanto uma coisa desorganizada. Mas minha convicção positiva de que a criação pessoal é mais concebível do que o destino material é, admito, de certo modo, indiscutível. Não vou chamá-la de fé ou de intuição, pois essas palavras estão misturadas com mera emoção. Ela é uma convicção estritamente intelectual, mas é uma convicção intelectual *primária* como a certeza que o eu tem de quão bom é viver.

Qualquer um que deseje, portanto, pode chamar minha crença em Deus de mística; não vale a pena brigar por essa frase. Mas minha crença de que milagres aconteceram na história humana não é de modo algum uma crença mística. Eu acredito neles com base em evidências humanas como faço com a descoberta da América. A respeito desse ponto, há um simples fato lógico que só precisa ser declarado e esclarecido.

De algum modo, surgiu uma ideia extraordinária de que os que não acreditam em milagres consideram-nos de modo frio e razoável, enquanto os que acreditam em milagres aceitam-nos apenas em conexão com algum dogma. O fato é exatamente o oposto. Os que acreditam em milagres aceitam-nos (com ou sem razão) porque os milagres têm evidência para eles. Os que não acreditam em milagres negam-nos (com ou sem razão) porque eles têm uma doutrina contra os milagres. A coisa aberta, óbvia, democrática é acreditar em uma velhinha vendedora de maçãs quando ela dá testemunho de um milagre assim como você acredita em uma velhinha vendedora de maçãs quando ela dá testemunho de um assassinato. O caminho simples e popular é confiar na palavra do camponês sobre um fantasma exatamente do mesmo modo que você confia na palavra do camponês sobre o senhorio. Por ser um camponês, ele provavelmente terá um grande agnosticismo saudável em relação a ambos. Ainda assim, você poderia encher o Museu Britânico com evidências proferidas pelo camponês e dadas a favor do fantasma.

No que diz respeito ao testemunho humano, há uma torrente asfixiante de testemunho humano a favor do sobrenatural. Se rejeitá-la, você estará dizendo apenas uma de duas coisas: ou você rejeita a história do camponês sobre o fantasma porque o homem é um camponês ou porque a história é uma história de fantasma. Ou seja, ou você nega o princípio basilar da democracia ou você afirma o princípio basilar do materialismo: a impossibilidade abstrata do milagre.

Você tem o completo direito de fazer isso, mas, nesse caso, você é o dogmático. Somos nós, cristãos, que aceitamos todas as evidências reais; são vocês, racionalistas, que recusam a evidência real por serem constrangidos a fazê-lo por causa de seu credo. Mas eu não sou constrangido por causa de credo algum sobre o assunto, e, olhando imparcialmente para certos milagres dos tempos medievais e modernos, cheguei à conclusão de que eles ocorreram.

Todo argumento contra esses fatos simples é sempre um argumento em círculo. Se eu disser: "documentos medievais atestam certos milagres tanto quanto atestam certas batalhas", eles respondem: "mas os medievais eram supersticiosos". Se quero saber em que eles eram supersticiosos, a única resposta final é que eles acreditavam nos milagres. Se digo: "um camponês viu um fantasma", dizem-me: "mas os camponeses são muito crédulos". Se eu perguntar: "por que crédulos?", a única resposta é que eles veem fantasmas. A Islândia é impossível porque apenas marinheiros estúpidos a viram; e os marinheiros só são estúpidos porque dizem que viram a Islândia.

É justo acrescentar que há outro argumento que o incrédulo pode usar de modo racional contra milagres, embora ele mesmo geralmente se esqueça de usá-lo. Ele pode dizer que havia, em muitas histórias milagrosas, uma noção de preparação e aceitação espirituais: em resumo, o milagre só poderia acontecer com aquele que acreditasse nele. Talvez seja assim, e, se for assim, como testar isso?

Se estamos inquirindo se certos resultados seguem-se à fé, é inútil repetir exaustivamente que, se acontecerem, eles se seguem à fé. Se a fé é uma das condições, os que não têm fé têm o mais saudável direito de rir. Mas eles não têm o direito de julgar. Ser crente pode ser, se você quiser apresentar assim, tão ruim quanto estar bêbado. Ainda assim, se extraíssemos fatos psicológicos dos bêbados, seria absurdo estarmos sempre escarnecendo deles por estarem bêbados.

Suponha que estivéssemos investigando se homens irados realmente viram uma névoa vermelha diante dos olhos. Suponha que sessenta excelentes chefes de família tenham jurado que, quando irados, viram essa nuvem carmesim. Certamente seria absurdo responder: "ah, mas vocês admitem que estavam irados na ocasião!". Eles poderiam retorquir com razão (em um coro estentóreo): "com que diabos poderíamos descobrir, sem estarmos irados, se pessoas iradas veem vermelho?". Assim, os santos e os ascetas poderiam responder de modo racional: "suponha que a questão é se os crentes podem ter visões: mesmo assim, se você está interessado em visões, não faz sentido se opor aos crentes". Você ainda está argumentando em círculo, naquele antigo círculo louco com o qual este livro começou.

A questão sobre se os milagres alguma vez ocorreram é uma questão de senso comum e de imaginação histórica comum, não de algum experimento físico definitivo. Pode-se aqui, certamente, desconsiderar esse pedantismo bastante desmiolado que fala sobre a necessidade de "condições científicas" em conexão com os supostos fenômenos espirituais. Se estamos perguntando se uma alma morta pode se comunicar com uma viva, é ridículo insistir em que ela deva estar sob condições em que duas almas vivas, de posse de seus sentidos, não se comuniquem seriamente entre si. O fato de fantasmas preferirem a escuridão desmente tanto a existência de fantasmas quanto o fato de amantes preferirem a escuridão desmente a existência do amor.

Se você escolher dizer: "acreditarei que a srta. Brown chamou seu noivo de pervinca, ou de qualquer outro termo afetuoso, se ela repetir a palavra diante de dezessete psicólogos", então responderei: "muito bem! Se essas são suas condições, você nunca obterá a verdade, pois a srta. certamente não repetirá". É tão não científico quanto não filosófico se surpreender que, em uma atmosfera antipática, certas simpatias extraordinárias não surjam. É como se eu dissesse que não sabia se havia neblina porque o ar não estava claro o suficiente, ou como se eu insistisse em ter a luz solar perfeita para ver um eclipse solar.

Como conclusão de senso comum, como aquelas a que chegamos sobre o sexo ou sobre a meia-noite (bem sabendo que, por sua própria natureza, muitos detalhes devam ser ocultados), concluo que milagres acontecem. Sou forçado a isso por uma conspiração de fatos: o fato de que os homens que encontram elfos ou anjos não são os místicos e os sonhadores mórbidos, mas pescadores, fazendeiros e todos os homens ao mesmo tempo grosseiros e cautelosos; o fato de que todos nós conhecemos homens que testemunharam incidentes espiritualistas, mas não são espiritualistas; o fato de que a própria ciência admite mais e mais essas coisas a cada dia. A ciência até admitirá a Ascensão se você a chamar de Levitação, e muito provavelmente admitirá a Ressurreição quando tiver pensado em outra palavra para ela. Eu sugiro a Regalvanização.

Mas o mais forte de todos é o dilema acima mencionado: essas coisas sobrenaturais nunca são negadas, exceto com base no dogmatismo antidemocrático ou materialista, posso chamá-lo de misticismo materialista. O cético sempre toma uma de duas posições: ou um homem comum não precisa ser acreditado ou um evento incomum não deve ser acreditado. Pois espero que possamos rejeitar o argumento contra as maravilhas baseado na mera repetição de fraudes, de médiuns fraudulentos ou de milagres enganadores. Isso não é um argumento, bom ou ruim. Um fantasma falso desmente a realidade dos fantasmas tanto quanto uma nota falsa desmente a existência do Banco da Inglaterra (quando muito, isso prova sua existência).

Dada essa convicção de que os fenômenos espirituais ocorrem (minha evidência é complexa, mas racional), então colidimos com um dos piores males mentais de nossa época. O maior desastre do século XIX foi o seguinte: os homens começaram a usar a palavra "espiritual" com o mesmo sentido da palavra "bem". Eles pensaram que crescer em refinamento e incorporalidade era crescer em virtude. Quando a evolução científica foi anunciada, alguns temiam que ela encorajasse a mera animalidade. Ela fez pior: encorajou a mera espiritualidade. Ela ensinava os homens a pensar que após passarem do macaco avançariam até o anjo. Mas você pode passar do macaco e avançar até o diabo.

Um homem genial, muito típico daquele tempo de confusão, expressou a coisa toda perfeitamente. Benjamin Disraeli[203] estava certo quando disse que estava do lado dos anjos. Ele estava de fato; ele estava do lado dos anjos caídos. Ele não estava do lado de qualquer apetite ou brutalidade animais, mas estava do lado de todo o imperialismo dos príncipes do abismo; ele estava do lado da arrogância e do mistério e do desdém pelo bem óbvio.

Entre este orgulho posto a pique e as altaneiras humildades do céu há, supõe-se, espíritos de formas e tamanhos diferentes. O homem, ao encontrá-los, deve cometer os mesmos erros que comete ao encontrar quaisquer outros tipos variados em qualquer outro continente distante. Deve ser difícil, a princípio, saber quem é supremo e quem é subordinado. Se uma sombra surgisse do mundo inferior e olhasse para Piccadilly[204], aquela sombra não entenderia muito bem a ideia de uma carruagem fechada comum. Ela haveria de supor que o cocheiro sobre a caixa fosse um conquistador triunfante, arrastando atrás de si um prisioneiro esperneando e encarcerado. Assim sendo, se virmos fatos espirituais pela primeira vez, poderemos confundir quem é o mais importante. Não é suficiente encontrar os deuses, eles são óbvios; devemos encontrar Deus, o verdadeiro chefe dos deuses. Precisamos ter uma longa experiência histórica com fenômenos sobrenaturais, a fim de descobrir quais são os realmente naturais.

Sob essa luz, entendo a história do cristianismo, e até mesmo em suas origens hebraicas, bastante prática e clara. Não me incomoda saber que o deus hebreu era um entre muitos. Eu sei que ele era, sem nenhuma pesquisa para me dizer isso. Jeová e Baal pareciam igualmente importantes, assim como o Sol e a Lua pareciam ter o mesmo tamanho. É pouco a pouco que aprendemos que o Sol é incomensuravelmente nosso mestre, e a pequena Lua é apenas nosso satélite.

---

203 Benjamin Disraeli (1804-1881), primeiro-ministro britânico, defensor das classes trabalhadoras. Seus pais romperam com o judaísmo e tornaram-se membros da Igreja Anglicana. (N.T)

204 Nome de uma importante rua no centro de Londres. Piccadilly Circus é uma famosa praça londrina. (N.T)

Acreditando que exista um mundo de espíritos, andarei nele como ando no mundo dos homens: procurando por aquilo de que gosto e pensando bem. Assim como eu deveria procurar por água limpa em um deserto, ou trabalhar arduamente no Polo Norte para fazer um fogo reconfortante, eu vasculharia a terra do vazio e da visão até encontrar algo fresco como a água e reconfortante como fogo, até encontrar algum lugar na eternidade onde estarei literalmente em casa. E há apenas um lugar assim para ser encontrado.

Já disse o suficiente para mostrar (a qualquer um para quem essa explicação seja essencial) que tenho, na arena comum da apologética, uma base para a crença. Nos registros puros do experimento (se forem tomados democraticamente, sem desdém ou preferência), há evidências, em primeiro lugar, de que milagres acontecem e, em segundo, de que os milagres mais nobres pertencem a nossa tradição. Mas não vou fingir que essa curta discussão é minha verdadeira razão para aceitar o cristianismo, em vez de tomar o bem moral do cristianismo como eu o extrairia do confucionismo.

Tenho outra base muito mais sólida e central para me submeter a ele como uma fé, em vez de meramente juntar suas sugestões como se fosse um plano. E é esta: a Igreja Cristã, em sua relação prática com minha alma, é uma mestra viva, não morta. Ela não só me ensinou certamente ontem, mas quase certamente me ensinará amanhã. Certa vez, vislumbrei repentinamente o significado da forma da cruz; algum dia poderei ver repentinamente o significado da forma da mitra. Uma bela manhã eu vi por que os vitrais da igreja são pontudos; alguma bela manhã posso ver porque os sacerdotes são cercilhados.

Platão lhe disse uma verdade, mas Platão está morto. Shakespeare surpreendeu você com uma imagem, mas Shakespeare não vai surpreendê-lo com nada mais. Mas imagine o que seria estar com esses homens ainda vivos, saber que Platão poderia irromper com uma palestra original amanhã ou que, a qualquer momento, Shakespeare poderia abalar tudo com um único soneto. O homem que vive em contato com o que ele acredita ser uma Igreja viva é um homem sempre esperando encontrar Platão e Shakespeare amanhã à hora do café. Ele está sempre esperando ver alguma verdade que nunca viu antes.

Há apenas outro paralelo a essa posição: é o paralelo da vida em que todos nós começamos. Quando seu pai lhe disse, andando pelo jardim, que as abelhas davam ferroadas ou que as rosas tinham um aroma doce, você não falou em tirar o melhor proveito da filosofia dele. Quando as abelhas picam você, você não chama isso de uma divertida coincidência. Quando sente o doce aroma da rosa, você não diz: "meu pai é um símbolo rude e bárbaro, conservando como relíquia (talvez inconscientemente) as profundas e delicadas verdades de que as flores têm aroma". Não: você acreditou em seu pai porque você viu que ele era uma fonte viva de fatos, uma coisa que realmente sabia mais do que você, uma coisa que lhe diria a verdade amanhã, assim como disse hoje. E, se isso era verdade a respeito de seu pai, era ainda mais verdade a respeito de sua mãe; pelo menos, era verdade quanto à minha, a quem este livro é dedicado.

Ora, quando a sociedade está em uma agitação fútil sobre a sujeição das mulheres, ninguém dirá o quanto cada homem deve à tirania e ao privilégio das mulheres, ao fato de que elas governam sozinhas a educação até que a educação se torne fútil, pois um menino é enviado para aprender na escola apenas quando é tarde demais para lhe ensinar qualquer coisa. A educação real já foi feita, e, graças a Deus, quase sempre ela é feita por mulheres. Todo homem é afeminado, meramente por nascer. Eles falam da mulher masculina, mas todo homem é um homem feminizado. E, se algum dia os homens se dirigirem a Westminster para protestar contra esse privilégio feminino, não me juntarei à sua procissão.

Pois eu me lembro, com certeza, deste fato psicológico definido: que naquela época em que estive mais sob a autoridade de uma mulher, estive mais cheio de ardor e de aventura. Exatamente porque, quando minha mãe disse que as formigas picavam, elas picaram, e porque a neve chegou no inverno (como ela disse). Portanto, o mundo inteiro era para mim um país de fadas de maravilhosas realizações, e era como viver em alguma época hebraica, quando profecia após profecia se tornava realidade.

Quando criança, fui até o jardim, e era um lugar terrível para mim, precisamente porque eu tinha uma ideia sobre ele: se eu não tivesse ideia alguma, ele não teria sido terrível, mas sossegado. Um mero deserto sem significado não é nada impressionante. Mas o jardim de minha infância era fascinante, exatamente porque tudo tinha um significado determinado que poderia ser descoberto a seu tempo. Polegada por polegada eu poderia descobrir o que era o objeto de forma feia chamado de ancinho ou montar alguma conjectura sombria sobre a razão de meus pais terem um gato.

Assim, desde que aceitei a cristandade como mãe, e não apenas como um exemplo casual, percebi a Europa e o mundo mais uma vez como o pequeno jardim onde eu olhava para as formas simbólicas do gato e do ancinho: eu olho para tudo com as antigas ignorância e expectativa élficas. Esse ou aquele rito ou doutrina podem parecer tão feios e extraordinários quanto um ancinho, mas descobri, por experiência, que essas coisas terminam de alguma forma em grama e flores. Um clérigo pode aparentemente ser tão inútil quanto um gato, mas ele também é fascinante, pois deve haver alguma estranha razão para sua existência.

Dou um exemplo entre cem: não tenho nenhum parentesco instintivo com esse entusiasmo pela virgindade física, que certamente tem sido uma característica do cristianismo histórico. Mas, quando não olho para mim, mas para o mundo, percebo que esse entusiasmo não é apenas uma característica do cristianismo, mas uma característica do paganismo, uma característica de elevada natureza humana em muitas esferas. Os gregos sentiam a virgindade quando esculpiram Ártemis; os romanos, quando vestiram as vestais; o pior e mais licencioso dos grandes dramaturgos elizabetanos agarrou-se à pureza literal de uma mulher como se fosse o pilar central do mundo. Acima de tudo, o mundo moderno (ao mesmo tempo em que faz troça da inocência sexual) lançou-se em uma generosa idolatria da inocência sexual: a vasta adoração moderna às crianças. Pois qualquer homem que ame crianças concordará que a beleza peculiar delas é ferida por uma sugestão de sexo físico.

Com toda essa experiência humana, aliada à autoridade cristã, concluo simplesmente que estou errado e que a igreja está certa; ou melhor, que sou deficiente, enquanto a igreja é universal. É preciso tomar todo tipo de pessoa para fazer uma igreja; ela não me pede para ser celibatário. Mas aceito o fato de eu não ter apreço pelos celibatários como aceito o fato de eu não ter ouvido para música. A melhor experiência humana está contra mim, como está a respeito de Bach. O celibato é uma flor no jardim de meu pai, da qual não me contaram se o nome é doce ou terrível. Mas qualquer dia poderão me contar.

Portanto, esta é, para concluir, minha razão para aceitar a religião e não apenas as verdades dispersas e seculares derivadas da religião. Faço isso porque a coisa não apenas contou essa verdade ou aquela verdade, mas revelou-se como uma coisa que diz a verdade. Todas as outras filosofias dizem as coisas que claramente parecem ser verdadeiras; só essa filosofia disse repetidamente aquilo que não parece ser verdade, mas é verdade. Sozinha entre todos os credos, é convincente onde não é atraente; ela está certa, como meu pai no jardim.

Os teosofistas, por exemplo, pregarão uma ideia obviamente atraente como a reencarnação, porém, se atentarmos para seus resultados lógicos, eles são a arrogância espiritual e a crueldade da casta. Pois, se um homem é mendigo por causa de seus próprios pecados pré-natais, as pessoas tenderão a desprezar o mendigo. Mas o cristianismo prega uma ideia obviamente não atraente, como o pecado original, contudo, quando atentamos para seus resultados, eles são compaixão e fraternidade, e um irromper de risos e piedade, pois somente com o pecado original podemos, ao mesmo tempo, ter piedade do mendigo e desconfiar do rei.

Os homens da ciência nos oferecem saúde, um benefício óbvio; é só depois disso que descobrimos que, com saúde, eles querem dizer escravidão corporal e tédio espiritual. A ortodoxia nos faz pular por causa da repentina eminência do inferno; só depois percebemos que pular era um exercício atlético altamente benéfico para nossa saúde. É só depois que percebemos que esse perigo é a raiz de todo drama e romance.

O argumento mais forte a favor da graça divina é simplesmente sua falta de cortesia. As partes impopulares do cristianismo revelam-se, quando examinadas, ser os próprios sustentáculos do povo. A manifestação exterior do cristianismo é uma guarda rígida de abnegações éticas e de sacerdotes profissionais, mas, dentro dessa guarda desumana, você encontrará a velha vida humana dançando como crianças e bebendo vinho como homens, pois o cristianismo é a única estrutura para a liberdade pagã. Mas, na filosofia moderna, dá-se o oposto: sua manifestação exterior é obviamente artística e emancipada; seu desespero é interior.

E seu desespero é este: ela não acredita realmente que haja algum significado no universo; portanto, não pode esperar encontrar qualquer romance; seus romances não terão enredos. Um homem não pode esperar aventura alguma na terra da anarquia, mas um homem pode esperar inumeráveis aventuras se viajar na terra da autoridade. Não se pode encontrar significados em uma selva de ceticismo, mas o homem que caminha por uma floresta de doutrina e desígnio encontrará mais e mais significados. Aqui tudo tem uma história bem encadeada, como as ferramentas ou os quadros na casa de meu pai, porque é a casa de meu pai.

Eu termino onde comecei: no correto final. Finalmente entrei pelo portão de toda boa filosofia. Entrei em minha segunda infância.

Mas esse universo cristão maior e mais cheio de aventuras tem uma marca final difícil de expressar; no entanto, como conclusão de todo o assunto, tentarei expressá-la. Todo o argumento real sobre a religião gira em torno da questão de saber se um homem que nasceu de cabeça para baixo pode dizer quando ele está com a cabeça para cima.

O paradoxo primário do cristianismo é que a condição comum do homem não é uma condição sã ou sensata; que o normal é, em si mesmo, uma anormalidade. Essa é a filosofia mais particular da Queda. No interessante novo Catecismo de sir Oliver Lodge[205], as duas primeiras perguntas são: "o que você é?" e "qual é, então, o significado da Queda do Homem?". Lembro-me de me divertir escrevendo minhas próprias respostas às perguntas, mas logo descobri que eram respostas muito fragmentadas e agnósticas. Para a pergunta: "o que você é?", eu só pude responder: "Deus o sabe". E à pergunta: "o que se entende por 'a Queda'?", eu só pude responder com total sinceridade: "o que quer que eu seja, eu não sou eu mesmo".

Este é o principal paradoxo de nossa religião: algo que nunca conhecemos em qualquer sentido pleno não é apenas melhor que nós mesmos, mas ainda mais natural para nós do que nós mesmos. E realmente não há nenhum teste para isso, exceto o meramente experimental com o qual essas páginas começaram: o teste da cela acolchoada e da porta aberta. Foi somente a partir do momento em que conheci a ortodoxia que conheci a emancipação mental.

Mas, em conclusão, há uma aplicação especial para a ideia definitiva de alegria.

Diz-se que o paganismo é uma religião de alegria, e o cristianismo, de tristeza. Seria igualmente fácil provar que o paganismo é pura tristeza e o cristianismo, pura alegria. Tais conflitos nada significam e levam a lugar nenhum. Tudo o que é humano deve ter tanto alegria quanto tristeza; a única questão que interessa é de que modo as duas coisas são equilibradas ou divididas. E a coisa realmente interessante é que o pagão era (em sua maioria) mais feliz e mais feliz conforme se aproximava da Terra, mas mais triste e mais triste conforme se aproximava dos céus. A alegria do melhor paganismo, como nas

205 Oliver Joseph Lodge (1851-1940), físico, inventor e escritor inglês, defensor da vida após a morte e do espiritismo. (N.T)

brincadeiras de Catulo ou Teócrito[206], é, na verdade, uma alegria eterna que jamais será esquecida por uma humanidade agradecida.

Mas tudo isso é uma alegria sobre os fatos da vida, não sobre sua origem. Para o pagão, as pequenas coisas são tão doces quanto os pequenos riachos que brotam da montanha, mas as coisas extensas são tão amargas quanto o mar. Quando o pagão olha para o próprio cerne do cosmos, ele é como que petrificado pelo frio.

Por trás dos deuses, que são meramente despóticos, estão assentadas as Parcas[207], que são mortais. Não, as Parcas são piores que mortais, elas estão mortas. E, quando os racionalistas dizem que o mundo antigo era mais iluminado do que o cristão, do ponto de vista deles estão certos. Pois, quando dizem "iluminados", eles querem dizer "em trevas com um desespero incurável".

É profundamente verdade que o mundo antigo era mais moderno que o cristão. O elo comum está no fato de que antigos e modernos têm-se sentido miseráveis a respeito da existência, a respeito de tudo, ao passo que os medievais estavam felizes com isso, pelo menos. Eu sinceramente aceito que os pagãos, como os modernos, eram infelizes apenas em relação a tudo: eles eram muito alegres sobre tudo o mais. Admito que os cristãos da Idade Média estavam apenas em paz com respeito a tudo: eles estavam em guerra com respeito a tudo o mais.

Mas, se a questão girar sobre o eixo primário do cosmos, então havia mais contentamento cósmico nas ruas estreitas e sanguinolentas de Florença do que no teatro de Atenas ou no jardim aberto de Epicuro. Giotto[208] vivia em uma cidade mais sombria do que Eurípides[209], mas vivia em um universo mais alegre.

---

206 Caio Valério Catulo (c. 87 a.C.-c. 54 a.C.), poeta romano, inovou ao romper com o modelo clássico de poesia, que dava ênfase ao épico e ao mitológico, e passou a usar linguagem e temas coloquiais. Teócrito (c. 310 a.C.-250 a.C.), poeta grego, conhecido como fundador do estilo poético pastoral ou bucólico. (N.T)

207 Deusas gregas (Cloto, Láquesis e Átropos) que fiavam, dobravam e cortavam o fio da vida. (N.T)

208 Giotto di Bondone (1266-1337), pintor e arquiteto italiano. Um dos precursores do Renascimento, introduziu a perspectiva na pintura. (N.T)

209 Eurípides (c. 480 a.C.-c. 406 a.C.), dramaturgo grego, autor de tragédias que questionavam a religião e a moral de seu tempo.

A multidão dos homens foi forçada a estar alegre com respeito às pequenas coisas, mas triste com respeito às grandes. No entanto (desafiadoramente ofereço meu último dogma), não é inato ao homem ser assim. O homem é mais ele mesmo, o homem é mais parecido com o homem quando a alegria é a coisa fundamental nele, e o sofrimento é a coisa superficial. A melancolia deveria ser um inocente interlúdio, um estado de espírito terno e fugaz; louvor deveria ser a pulsação permanente da alma. O pessimismo é, na melhor das hipóteses, um meio-feriado emocional; a alegria é o labor ruidoso pelo qual todas as coisas vivem.

No entanto, de acordo com a situação aparente do homem conforme é entendida pelo pagão ou pelo agnóstico, essa necessidade primária da natureza humana nunca poderá ser satisfeita. A alegria deveria poder expandir-se, mas para o agnóstico ela deve ser contraída, deve se apegar a um lugar remoto do mundo. A tristeza deveria ser um momento concentrado, mas para o agnóstico sua desolação é espalhada por uma eternidade impensável. Isso é o que eu chamo de nascer de cabeça para baixo.

Pode-se dizer que o cético realmente é confuso, pois seus pés estão dançando para cima em êxtase ocioso, enquanto seu cérebro está no abismo. Para o homem moderno, os céus estão de fato abaixo da terra. A explicação é simples: ele se firma sobre a própria cabeça, que é um pedestal muito frágil sobre o qual se apoiar. Mas, quando redescobre seus pés, ele toma conhecimento disso. O cristianismo satisfaz repentina e perfeitamente o instinto ancestral do homem de estar no caminho certo, satisfaz esse instinto supremamente nisto: por seu credo, a alegria se torna algo gigantesco, e a tristeza, algo excepcional e pequeno.

A abóbada celeste acima de nós não é surda porque o universo é um idiota; o silêncio não é o silêncio sem coração de um mundo sem fim e sem objetivo. Em vez disso, o silêncio ao nosso redor é uma quietude pequena e compassiva, como a calma pontual no quarto de um doente. Talvez nos seja permitida a tragédia como uma espécie de comédia misericordiosa, pois a desenfreada energia das coisas divinas nos derrubaria como farsantes bêbados. Podemos suportar nossas próprias lágrimas mais suavemente do que poderíamos suportar as tremendas levezas dos anjos. Então, sentamo-nos, talvez em um cômodo estrelado e em silêncio, enquanto o riso dos céus é alto demais para nós ouvirmos.

A alegria, que era a pequena publicidade do pagão, é o gigantesco segredo do cristão. E, ao encerrar este volume caótico, abro novamente o estranho pequeno livro do qual veio todo o cristianismo, e sou novamente assombrado por uma espécie de confirmação. A tremenda figura que enche as torres dos Evangelhos nesse sentido, como em todos os outros, eleva-se acima de todos os pensadores que alguma vez se julgaram altos.

Sua compaixão era natural, quase casual. Os estoicos, antigos e modernos, orgulhavam-se de esconder suas lágrimas. Ele nunca ocultou Suas lágrimas; Ele as mostrou claramente em Sua face descoberta à visão de coisas diárias, como quando viu à distância Sua cidade natal[210]. No entanto, Ele ocultou algo. Super-homens solenes e diplomatas imperiais se orgulham de conter a raiva. Ele nunca restringiu Sua ira. Ele jogou móveis pelos degraus da frente do Templo e perguntou aos homens como eles esperavam escapar da condenação do Inferno[211].

No entanto, Ele restringiu algo. Digo isso com reverência: havia naquela personalidade perturbadora um fio que deve ser chamado de timidez. Havia algo que Ele escondia de todos os homens quando subia a um monte para orar. Havia algo que Ele cobria constantemente por um silêncio abrupto ou por um isolamento impetuoso. Havia uma coisa que era grande demais para Deus nos mostrar quando andou sobre a Terra, e, por vezes, tenho imaginado que era a Sua alegria.

---

210 Possível referência a Lucas 19.41,42, embora Belém, não Jerusalém, fosse a cidade natal de Jesus Cristo. (N.T)

211 Referência a João 2.13-16 e a Mateus 23.33. (N.T)

www.ingramcontent.com/pod-product-compliance
Lightning Source LLC
LaVergne TN
LVHW101941220826
846093LV00006B/77

* 9 7 8 8 5 9 4 3 1 8 9 2 3 *